탈골 스윙

〈탈골스윙〉 독자 여러분!
반갑습니다. 나병관 프로 입니다.
이번에 〈나병관 프로의 탈골스윙〉으로
여러분께 인사 드리게 되었습니다.
골프를 사랑하지만 마음대로 되지 않아
마음고생 하시는 여러분을 위해
드디어 이 책을 출간하게 되었습니다.
책을 터득한 지식은 영상보다 많은 지식 하나
더 많은 여운이 남아
기억에 오래 남을 것입니다.
그리고 여러분의 열정과 저 나병관프로가
함께 한다면 새로운 골프를
경험하게 될 것 입니다.

탈골스윙 나 병관

나병관 프로의
탈골 스윙

나병관 지음

CYPRESS

싸이프레스

PROLOGUE

벌써 30여 년 지만, 아직도 그날의 기억이 생생하다. 동료에게 이끌려 간 골프연습장에서 처음으로 골프채를 잡아본 나는 마치 운명처럼 골프에 빠져들고 말았다. 그때의 강렬했던 전율 탓이었을까? 그날 이후 무언가에 홀린 듯 일과 외 모든 시간에는 온통 골프뿐이었고, 나의 골프 실력은 일취월장하기 시작했다.

초반에는 나보다 구력이 오래된 동료들과 라운드를 자주 즐겼는데, 내 실력이 엄청난 속도로 늘어가면서 하나둘씩 나와 라운드 가기를 꺼렸다. 나 역시 내 실력을 테스트해 보고자 나보다 실력이 더 나은 사람들과 게임을 즐기고 싶은 마음이 점점 커졌다. 지역에서 골프 좀 친다는 사람들을 찾아 함께 라운드를 하기 시작했고, 소위 말하는 지역 고수들을 하나둘씩 꺾으며 나에 대한 소문도 점점 퍼지기 시작했다. 그 당시 골프에 대한 자신감은 하늘을 찌를 정도였는데, 내 실력이 이런 페이스로 성장한다면 골프 황제 타이거 우즈와 맞붙어도 해볼 만하지 않겠느냐는 생각이 들 정도였다. 지금 돌이켜 보면 하룻강아지 범 무서운 줄 모르는 생각이었지만 말이다.

이처럼 거칠 것 없이 늘어가던 실력이 어느 시점부턴가 정체되면서 계속 제자리걸음인 것을 느끼기 시작했다. 그래서 돌파구를 찾고자 더욱 미친 듯이 연습에 매달렸다. 하루가 멀다 하고 손바닥에서 물집이 터졌고, 36홀 라운드를 마친 날에도 연습장으로 달려가 팔이 부러질 정도로 연습을 했다. 하지만 이러한 노력에도 불구하고 진전은 없었고 마음만 답답할 뿐이었다.

당시 내가 사는 지역에 PGA 슈퍼스타 게리 플레이어의 골프 아카데미가 있었는데, 더 이상 혼자 연습하는 것은 무의미하다는 생각이 들었고, 아카데미를 찾아가 PGA 출신 영국인 프로에게 레슨 등록을 했다. 그때 레슨 비용이 상당히 비싸서 사회 초년생이었던 나에게는 매우 부담스러운 금액이었는데, 그 당시 너무나 간절했기에 큰맘 먹고 모든 것을 걸기로 결심했다. 그리고 이것이 내 골프 인생에 있어서 터닝포인트가 된다.

아카데미에서 영국인 프로가 내게 가장 강조했던 핵심 개념은 '릴랙스(relax)'였다. 그 당시만 해도 나의 스윙은 릴랙스와는 거리가 상당히 먼 상태였는데, 아카데미를 다니면서 릴랙스의 의미를 조금씩 깨우쳐 가기 시작했다. 하지만 아무리 의미를 안다고 해도 초긴장 상태에서는 역시나 다시 근육이 경직되고 임팩트 순간 실수하지 않으려는 집착 때문에 같은 미스가 되풀이되는 패턴이 반복되고 있었다. 이러한 과정들을 겪으며 릴랙스의 의미를 조금씩 더 깨우쳐 갈 때쯤 KPGA 준회원에 합격하게 되었고, 2부 투어에서 우승하면서 KPGA 정회원으로 승격하게 되었다. 그 후 1부 리그인 코리안투어에 데뷔할 때까지도 릴랙스는 내가 깨우쳐야 할 가장 첫 번째 과제였다.

힘을 주는 것과
힘을 쓰는 것은 다른 것이다.

 현재 나는 프로골퍼 지망생을 양성하는 아카데미를 운영하고 있다. 골프에서 깨우쳐야 할 최우선 과제인 '릴랙스'의 의미를 우리 학생들에게는 '연체동물이 되어라', '탈골시켜라'라는 말로 바꾸어 자주 한다. 골프에서 가장 중요한 것은 힘을 **빼는** 것이라고 입이 닳도록 강조하지만 다음 날이 되면 또 힘을 주고 엉뚱하게 연습하는 학생들을 자주 보는데, 내가 골프를 배울 때 그랬듯이 학생들도 똑같은 실수를 반복한다는 것을 잘 알고 있다. 하지만 내가 오랜 시간에 걸쳐 몸소 깨우친 것들을 우리 학생들은 하루라도 빨리 깨우쳐 더 어린 나이에 프로로 전향할 수 있도록 지도하고 있다.

 처음에는 학습 효과를 높이기 위해 학생들의 플레이 영상을 휴대폰으로 찍어 개인 메신저로 보내주었는데, 학생들이 나중에 프로가 되어서도 자신의 성장 과정을 볼 수 있으면 좋겠다는 생각에 유튜브에도 올리기 시작했다. 이것이 현재 유튜브 채널 〈탈골 스윙〉의 시초다. 그런데 아마추어 골퍼들이 유튜브를 보고 자신도 아카데미에서 레슨을 받고 싶다는 문의가 오는 예상치 못한 상황이 벌어지기 시작했다. 하지만 나도 너무나 간절했던 시절을 겪었기에 그들의 골프에 대한 열정에 이끌려 학생 레슨이 없는 주말을 이용해 한 분씩 레슨을 하게 되었다. 이렇게 하여 현재 43만 구독자의 유튜브 채널 〈탈골 스윙〉이 만들어졌고, 여러분의 성원에 보답하고자 ≪나병관 프로의 탈골 스윙≫을 집필하게 되었다.

 장자의 천도 편에 보면 윤편이라는 수레공 노인의 이야기가 나온다. 윤편이 말하길, "수레바퀴를 깎을 때 조금만 더 깎아도 굴대가 헐렁해지고, 조금만 덜 깎아도 너무 조입니다. 적당히, 제대로 깎는 것은 말로 설명할 수 없는 기술입니다. 이것은 오로지 손에서 벌어지는 일이고, 손의 감각으로 맞출 수 있는 것이지 전할 수 있는 기술이 아닙니다. 그래서 제 자식에게도 기술을 전하지 못해 지금 이 나이에도 직접 수레바퀴를 깎는 것입니다."

 골프도 마찬가지다. 아무리 레슨을 받아도 손끝의 감각을 채 끝으로 보내어 볼에 전달하는 그 느낌은 자신만이 알 수 있다. 이것은 매우 어려운 것이지만 스스로 터득해야만 한다. 그리고 이 책이 그 깨달음의 과정에서 많은 도움을 주리라 확신한다. 또한 이 책을 통해 골프를 사랑하는 모든 아마추어 골퍼들과 프로를 목표로 하는 지망생들이 어제보다 나은 골프 실력을 다지고, 과한 스윙 동작으로 인해 몸이 아프지 않도록 즐기는 골프를 하길 바라는 마음이다.

나병관

TALGOL SWING in MEDIA

#01

#02

#03

#04

#05

Contents

골프에서 최우선 과제는
'릴랙스'의 의미를
하루빨리 깨닫는 것이다.

동영상 보기

지긋지긋한 뒤땅, 탑핑 방지 훈련법

다운 블로우를 구사하기 위해서는 몸통 회전을 올바르게 해야 한다. 어드레스 때 겨드랑이는 몸에 붙여야 하는데, 이때 힘을 주지 말고 느슨하게 밀착시킨다. 백스윙 때는 큰 근육으로 회전하고, 어느 지점까지는 몸통과 양팔이 자연스럽게 같이 돌아야 한다(사진❶). 다운스윙 때는 어깨와 밀착된 겨드랑이에 힘을 주지 않고 큰 근육으로 회전하면서 양어깨는 턱 밑에 있어야 한다. 이때 겨드랑이는 일부러 붙이지 않아도 하체가 회전하기 때문에 꼬임이 생겨 자연스럽게 붙는다(사진❷). 회전하는 동안 양손과 손목은 헐렁헐렁한 느낌이어야 한다(사진❸). 이렇게 스윙하면 임팩트 이후 클럽이 뻗어나가는 원심력에 의해 양손이 몸에서 빠져나갈 듯한 느낌이 들면서 탈골 스윙이 된다(사진❹). 이때도 겨드랑이는 계속 밀착되어 있다.

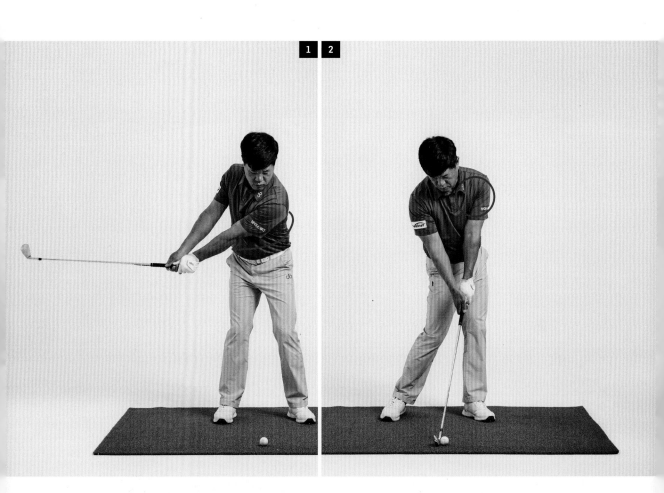

1 2

겨드랑이는 어느 정도의 강도 또는 어떤 느낌으로 붙어 있어야 할까? 드라이버 헤드커버를 사용하여 설명해보겠다. 헤드커버를 겨드랑이에 끼는데, 이때 힘을 너무 주어서는 안 된다(사진❺). 자연스럽게 회전할 수 있는 강도의 느낌을 느끼고, 스리쿼터 스윙까지는 헤드커버가 겨드랑이에 정확하게 끼여 있어야 한다. 그래야 몸의 일체감을 느껴 타이밍이 좋아진다. 그 상태에서 조금 더 회전하면 헤드커버가 떨어질 듯한 느낌이 들어야 한다(사진❻). 그다음 피니시 동작 직전까지도 헤드커버는 겨드랑이에 끼여 있고(사진❼), 피니시를 완전히 할 때 헤드커버가 자연스럽게 떨어져야 한다(사진❽).

아마추어의 경우 클럽헤드 무게만으로 쳐도 충분하다. 싱글까지도 가능하다. 그러나 겨드랑이의 밀착 느낌을 알고 큰 근육을 이용한 꼬임으로 탈골 스윙을 하면서 헤드 무게를 던져준다면 훨씬 더 수준 높은 단계로 올라갈 수 있다.

5   6

겨드랑이에 힘을
많이 주지 않는다.

헤드커버 유지

헤드커버 유지

피니시가 되면서
헤드커버가 떨어진다.

그러면 겨드랑이를 붙이는 이유는 무엇일까? 단지 붙여야 한다고 하니까 붙이는 것이 아니다. 큰 근육인 몸통이 함께 회전하려면 겨드랑이가 붙어야 가능하다(사진❾). 겨드랑이가 붙어 있지 않으면 몸통은 회전하지 않고 팔만 위로 움직이고 꺾이는 스윙이 된다(사진❿). 그러면 큰 근육의 꼬임을 사용할 수 없다. 이것이 겨드랑이를 붙여야 하는 이유다.

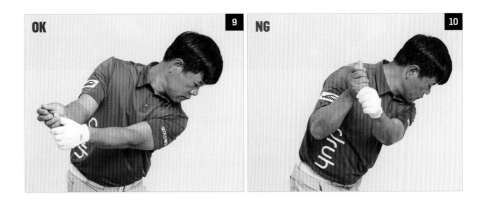

OK

NG

도대체 힘을 빼지 못하는 이유

임팩트는 힘으로 치는 느낌이 아니다. 예를 들어 바닥에 2개의 볼이 있는데, 손으로 다른 볼을 들고 바닥에 있는 볼을 맞힌다고 해보자(사진❶). 가까이 있는 볼을 맞히려고 할 때와 조금 멀리 있는 볼을 맞히려고 할 때 우리 몸은 다르게 반응한다. 우리는 그 미세한 차이와 감각을 손으로 느껴야 한다(사진❷). 스윙을 할 때도 마찬가지다. 볼이 있는 지점에 알맞게 클럽헤드를 놓는 그 느낌을 손으로 느껴야 한다.

1 **2**

'푼다', '릴리스', '던진다', '떨군다', '뿌려준다', '휘두른다', '탈골시킨다', '놓는다' 등은 모두 같은 의미이며, 우리는 그 의미를 이해해야 한다. 즉, 볼을 맞히는 마지막 순간에 클럽헤드를 알맞게 놓으려면 클럽을 잡고 있는 양손의 악력이 리듬에 맞게 클럽을 풀어줄 수 있는 느낌의 악력이어야 한다(사진❸). 그러나 클럽을 푸는 순간 자신도 모르게 양손에 힘이 들어가면 미스샷이 난다(사진❹).

마치 파리채를 휘두를 때 파리를 맞히려는 순간 손을 멈추면 파리채 끝이 움직이며 '찰싹' 때리는 것과 비슷한 느낌인데, 이러한 순간이 골프 스윙에서 잠깐 일어난다. 다만 파리채는 끝이 가볍기 때문에 손을 멈추면 파리채도 멈추지만, 골프 클럽은 헤드 무게가 있기 때문에 손을 순간 멈춰도 클럽헤드는 몸을 지나가게 된다. 즉, 양손을 적당한 타이밍에 놓으면서 임팩트가 이루어지고, 클럽헤드는 그대로 몸을 지나 앞질러 가는데, 클럽헤드를 따라 우리 몸이 자연스럽게 따라가는 것이 폴로 스루인 것이다 (사진❺). 이처럼 폴로 스루는 인위적으로 만드는 것이 아니라 자연스럽게 만들어진다. 만약 폴로 스루가 클럽을 손으로 보내면서 인위적으로 만드는 것이라면 '폴로 스루'가 아닌 '테이크 스루'라고 해야 맞는 표현일 것이다.

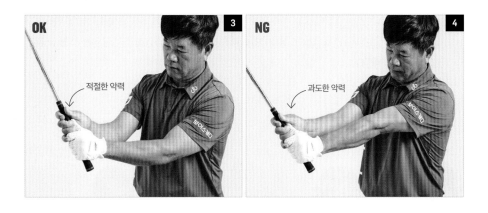

자, 이렇게 클럽을 떨구려고, 즉 탈골시키려면 무조건 몸에서 힘이 빠져야 한다. 그런데 도대체 왜 몸에 힘이 안 빠질까? 클럽헤드를 바닥에 '쿵'하고 떨구면 마치 손목이나 팔꿈치 등이 다치지 않을까 하는 두려움 때문이다. 대표적인 부상이 골프엘보다. 그렇다 보니 클럽을 퍼올리는 동작이 나오게 된다. 그럼 클럽헤드로 바닥을 쳐도 안 다치는 방법은 무엇일까? 팔에 힘이 빠지면 된다. 팔에 힘이 빠지면 클럽헤드를 바닥에 강하게 떨궈도 그 충격이 몸으로 전달되지 않는다.

결국 릴리스가 제대로 나오려면 내 몸에 힘이 다 빠진 상태에서 클럽헤드를 헤드 무게로 바닥에 엄청 강하게 떨궈도 그 충격이 내 몸으로 오지 않는다는 믿음이 있어야 한다. 이것이 가능해지면 나중에 디봇을 얇게 또는 두껍게 만드는 스윙을 모두 구사할 수 있는 수준으로 갈 수 있다.

다운스윙 전환 때
어깨를 턱에서 분리하라

동영상 보기

임팩트 후에 양팔이 안 뻗어지고 양손이 빨리 교차된다면 클럽헤드 쪽에 힘이 전혀 없다는 뜻으로, 스스로 원심력에 의한 클럽헤드의 무게감을 전혀 못 느끼고 있는 것이다(사진❶). 클럽헤드의 무게감을 느끼면서 스윙하면 임팩트 후에 원심력에 의한 클럽헤드의 무게감 때문에 헤드는 운동 방향으로 강하게 날아가면서 양팔은 쭉 펴진다. 마치 클럽헤드가 양팔을 잡아당기는 듯한 느낌을 받게 되는 것이다(사진❷).

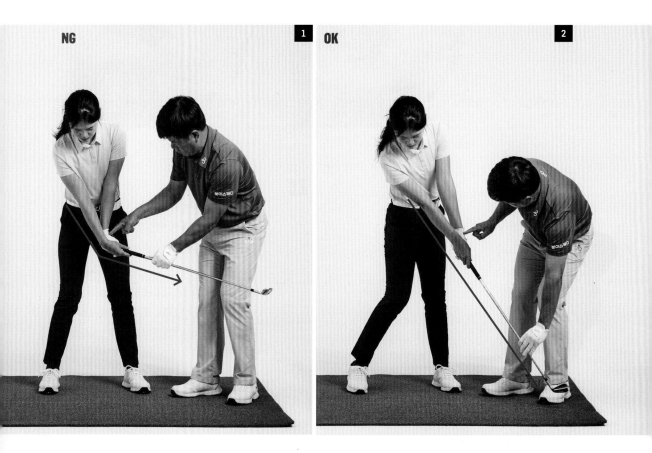

이 동작이 이루어지려면 다운스윙 전환 순간 어깨가 턱에서 분리되어야 한다(사진❸). 이것이 탈골이다. 다운스윙 전환 순간 어깨에 힘이 들어가면서 웅크리면 안 된다(사진❹). 어깨에 힘이 빠지고 어깨가 밑으로 '툭'하고 떨어져야 헤드 끝이 무거워지기 시작한다. 즉, 모든 무게감이 바닥 쪽으로 내려가야 한다. 턱 밑에 송곳이 있다고 상상하고 어깨가 턱에서 멀어지면서 클럽헤드 끝으로 힘이 전달되는 느낌을 느끼며 회전해 보자(사진❺). 그러면 손이 저절로 뿌려지면서 스윙이 된다.

NG   4

무게감이 위로

OK   5

무게감이 아래로

우리는 헤드 스피드와 볼 스피드의 개념을 이해할 필요가 있다. 헤드 스피드는 클럽이 가벼울수록 빠르고, 볼 스피드는 클럽이 무거울수록 빠르다. 즉, 볼 스피드가 빨라지려면 볼에 엄청난 무게의 힘 전달을 해야 한다. 따라서 아무리 헤드 스피드가 빨라도 볼에 힘 전달을 제대로 못하면 볼 스피드는 빨라질 수 없다. 결국 볼에 강력한 힘 전달을 하는 것이 매우 중요하다.

올바른 다운스윙 전환은 상하체 분리(세퍼레이션)가 이루어져야 한다. 백스윙 톱에서(사진 ⑥) 먼저 하체가 분리되고(사진 ⑦), 이어서 어깨가 분리된다(사진 ⑧). 그다음 임팩트 이후 폴로 스루 동작은 그냥 따라가면 된다. 상하체 분리 동작에는 힘이 들어가면 안 된다. 하체 분리는 하체에 힘을 주면서 하는 것이 아니라 춤을 추듯 리듬을 타면서 하는 것이고, 어깨 분리도 어깨에 힘이 들어간 채 웅크리는 동작을 조심해야 한다.

이렇게 클럽헤드의 무게를 느끼면서 힘 전달을 하면 스윙을 효율적으로 할 수 있어 비거리는 물론 스윙의 일관성도 좋아진다. 몸에 힘이 빠져 일관되게 풀리기 때문이다. 임팩트는 너무나 빠른 찰나에 이루어지기 때문에 우리가 그것을 컨트롤하는 것은 불가능하다. 오히려 내버려 두면 풀리는 타이밍이 일정하다. 조절하려 하면 안 된다. 오히려 통제를 안 하는 것이 통제하는 것이다(No Control is Real Control).

동영상 보기

도대체 궤도가 왜 중요할까?

다운 블로우가 아닌 퍼올리는 샷을 하면 어떤 문제점들이 생길까? 일단 볼의 탄도가 높아지기 때문에 비거리 손실이 발생한다. 또한 뒤땅이나 탑볼이 발생할 확률이 높아진다. 우리나라 골프장 잔디는 보통 조선잔디와 양잔디가 많은데, 조선잔디는 잔디가 억세고 뿌리가 옆으로 넓게 퍼져 있어 짧게 자를 수 없고 디봇이 잘 생기지 않는다. 따라서 조선잔디 골프장에서는 볼이 잔디 위에 살포시 놓여 있기 때문에 퍼올리는 샷을 구사해도 볼이 잘 맞는 것 같은 착각을 하기 쉽다. 반면에 양잔디는 땅속 깊숙이 자라기 때문에 잔디를 짧게 깎을 수 있고 디봇이 잘 생긴다. 따라서 다운 블로우로 쳐야 볼을 제대로 칠 수 있다.

다운 블로우에 익숙하지 않고 여전히 퍼올리는 스윙을 하는 골퍼들을 위한 효과적인 연습 방법을 소개하겠다. 어드레스 상태에서 오른발을 뒤로 살짝 빼고 뒤꿈치를 들고 왼발로 균형을 잡아보자(사진❶). 왼발로만 균형을 잡고 있어 체중이 왼쪽에 쏠려 있기 때문에 다운 블로우 느낌을 느끼기에 상당히 좋은 방법이다(사진❷). 만약 체중을 오른발에 둔다면 균형을 못 잡고 몸이 흔들릴 것이다(사진❸).

처음에는 몸통 회전은 신경 쓰지 말고 팔로만 스윙을 해보자(사진④). 몸과 팔을 지나치게 하나로 회전하다 보면 클럽이 미처 따라오질 못한다. 클럽은 몸보다 빨리 움직여야 한다. 이 연습은 팔의 빠른 움직임을 느끼는 데 도움이 되고, 팔의 움직임을 몸통이 자연스럽게 따라가며 회전하는 느낌도 알게 된다.

이 방식으로 연습한 후 원래대로 양발로 어드레스를 한 다음 연습 때의 느낌을 살려 스윙을 해본다. 올바른 백스윙은 클럽과 손이 일체감이 들면서 하나가 되는 지점까지 클럽은 내 몸 앞에 있어야 한다. 그리고 그 지점까지 회전하는 동안 손목은 살짝 꺾이면서 코킹이 이루어진다(사진⑤). 손목 코킹의 시점은 정해져 있다기보다는 사람마다 약간의 차이가 있다. 다만 백스윙을 하면서 손목을 너무 빨리 꺾으면(왼손 힌지를 너무 많이 쓰면) 클럽이 몸 뒤쪽으로 빠지게 된다(사진⑥).

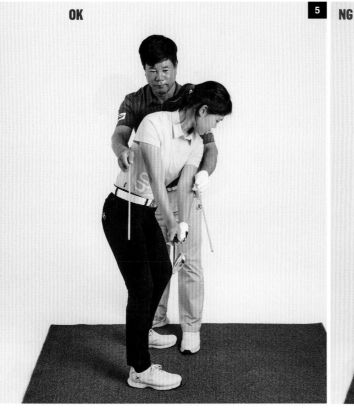

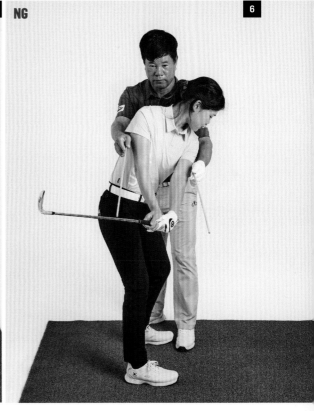

이때 클럽과 손의 일체감이 유지되는 지점까지 가는 과정이 매우 중요하다. 클럽과 손의 일체감이 유지되는 지점까지 회전하는 중에 손목 코킹이 이루어지면서 가고(사진❼) 그다음 자연스럽게 백스윙 톱으로 이어져야 한다(사진❽). 그러면 백스윙 톱까지의 스윙 궤도는 자연스럽게 원만한 라인을 그리며 만들어진다. 이것이 스윙 플레인을 자연스럽게 그리면서 가는 백스윙이다.

손목 코킹
이미 완성

그런데 손목 코킹 과정 없이 그냥 회전만 하다가(사진❾) 백스윙 톱으로 가려면 궤도를 갑자기 위쪽으로 바꿔야 하는데, 그러면 스윙 궤도가 두 단계로 끊겨서 이루어지는 느낌일 것이다. 정말 부자연스러운 스윙이다. 그리고 손목 코킹 없이 회전만 하면 클럽은 위쪽이 아닌 전혀 다른 길로 갈 것이고(사진❿), 그 궤도로 계속 진행되면 백스윙 톱은 크로스 오버가 된다(사진⓫). 그러면 임팩트 존에서 다시 샬로잉하게 되어 토우 쪽에 맞는 미스가 나오게 된다.

손목 코킹
없음

이와 같은 올바른 스윙 궤도를 스윙 패스 또는 스윙 플레인이라고 하는데, 도대체 왜 저 위치로 클럽이 지나가야 할까? 도끼질을 예로 들면, 도끼로 장작을 팰 때 도끼질을 배우지 않았어도 왼쪽과 같은 동작으로 장작을 팰 것이다(사진⑫). 이 동작 외에 굳이 다른 동작을 취하지는 않는다(사진⑬). 왼쪽 동작이 가장 적은 힘으로 가장 큰 에너지를 전달하며, 장작을 정확하게 패는 방법이기 때문이다. 만약 오른쪽 동작과 같이 장작을 팬다면 물론 장작을 맞히기는 하겠지만 여러 가지 면에서 효율성은 떨어질 것이다.

골프 스윙도 마찬가지다. 어떻게 스윙을 하든 볼을 맞힐 수는 있다. 그러나 올바른 스윙 궤도로 스윙을 해야 가장 효율적이고, 적은 힘으로 큰 효과를 내며, 정확성도 높아진다(사진⑭, ⑮, ⑯). 그래서 궤도가 중요하다.

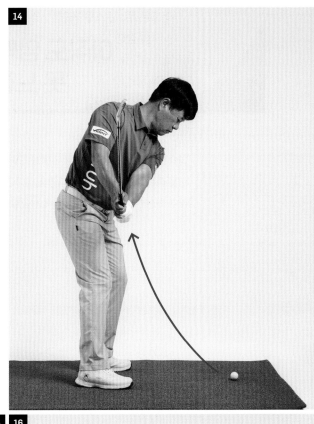

아직도 임팩트 손맛을
못 느낀다면

동영상 보기

임팩트는 클럽헤드를 던지면서 짧게 끊어 쳐야 한다(사진❶, ❷). 만약 어깨가 당기는 힘(사진❸)과 클럽을 미는 힘(사진❹)으로 친다면 볼에 힘을 제대로 전달할 수 없다. 바디 스윙이라고 해서 클럽과 몸이 같이 회전한다면 밀어주는 힘밖에 전달할 수 없다.

1 2

짧게 끊어
친다.

우리에게 필요한 힘은 던져주는 힘이다. 클럽헤드를 던져 짧게 끊어 치는 연습을 많이 해야 한다. 우리는 여기서 릴리스의 개념도 이해할 수 있다. 클럽을 '던져준다', '푼다', '내버려 둔다'가 모두 릴리스의 의미다. 말 그대로 클럽을 그냥 두는 것이다.

다운스윙을 시작할 때 클럽이 내려오는 것은 힘으로 당기는 것이 아니라 관성에 의해 내려오는 것이다. 우리는 관성에 의해 내려오는 클럽헤드를 바닥에 던져주고 끊어 치면 되는 것이다. 짧게 끊어 치면 클럽헤드는 계속 나아가려는 성질이 있고, 내 몸은 그냥 따라가면 된다. 그래서 폴로 스루인 것이다. 절대 밀어 치는 것이 아니다. 이것이 탈골이다. 몸에 힘을 빼고 어깨가 턱에서 분리되는 것, 그것이 탈골이다. 그다음은 빨리 치는 것이다. '강하게'가 아니라 '빠르게'다.

제발 드라이버 헤드를
통제하려 하지 마라

동영상 보기

몸 전체가 느슨해지도록 힘을 빼고 백스윙을 해보자(사진❶). 이때 왼팔이 구부러지는데, 그 이유는 아직 원심력이 없기 때문이다. 우선 원심력이 없는 상태에서 드라이버를 부드럽게 휘둘러보자. 그러면 볼은 슬라이스가 날 텐데, 그 이유는 아직 손이 로테이션을 못 느끼는 상태이기 때문이다. 일단은 이런 방식으로 스윙을 하면서 헤드 끝의 무게를 느껴봐야 한다. 만약 다운스윙 때 의도적으로 왼팔을 곧게 펴면(사진❷) 손목 코킹은 일찍 풀리게 되고, 볼이 클럽헤드에 찰싹 붙어 나가는 느낌을 느끼기 어렵다.

몸이 흐느적거릴 정도로 힘을 빼고 스윙을 하는데, 임팩트 직전에 클럽헤드를 멈추는 연습을 해보자 (사진❸, ❹, ❺). 임팩트 구간을 강하게 밀고 나가면 헤드 끝의 맛을 느끼기가 어렵다(사진❻).

1 NG 2

헐렁헐렁

헐렁헐렁

클럽헤드를 멈출 수
있을 정도로 힘을 뺀다.

강하게 치면서
클럽헤드를 밀고 나간다.

자, 이미지를 잘 그려보자. 백스윙 톱에서(사진❼) 다운스윙을 시작하면 하체가 먼저 시동을 걸면서 리드하고(사진❽), 그다음 상체가 따라 돌면서 팔이 따라오고, 클럽헤드가 제일 늦게 온다(사진❾).

하체가 먼저
리드하고

상체가 돌면서
클럽도 떨어지고

상체가
따라 돌고

먼저 회전한 하체와 상체와 손은 클럽헤드가 내려올 때까지 기다리고 그렇게 임팩트가 이루어진다(사진❿). 그 동력에 의해 클럽이 뻗어지고 몸은 그 힘에 의해 따라가면서 폴로 스루가 되는 것이다(사진⓫). 따라가니까 폴로 스루인 것이다. 그렇게 피니시까지 이어진다(사진⓬). 단계별 이미지를 머릿속에 잘 그려보자.

찰나이긴 하지만 임팩트 순간까지 몸의 모든 부분이 멈추는 느낌

클럽은 뻗는 게 아니라 뻗어지는 것

여기에 '가속-감속-가속' 이미지를 더해보자. 다운스윙은 하체, 상체, 팔의 가속으로 시작된다. 임팩트 순간에는 클럽 샤프트가 휘어지면서 '찰싹' 맞는 느낌으로 이루어져야 하는데(사진⑬), 이때 몸의 모든 부분이 순간적으로 멈추는 느낌이어야 한다. 그런데 여기서 중요한 점은 몸이 실제로 멈추는 것이 아니라, 스윙 중에 클럽은 계속 내려오고 있는데 먼저 회전한 몸과 손이 클럽헤드가 다 내려올 때까지 감속한다는 것이 정확한 표현이다(사진⑭, ⑮). 그다음 클럽헤드가 지나가면 그 힘을 따라 몸의 회전이 가속되면서 따라가는 것이다.

임팩트 직전 '감속'

임팩트 직후 '가속'

클럽헤드를 컨트롤하면서 스윙을 하면 오히려 실수 확률이 더 높아진다. 클럽헤드는 절대 통제하면 안 된다. 머릿속으로 클럽헤드를 백스윙 때 어느 길로 보내고, 백스윙 톱에서는 어느 위치에 두고, 임팩트 때는 어떻게 맞히고 등을 그리면서 하면 오히려 실수가 많아진다.

스윙은 느끼면서 해야 한다. 물론 어려운 말이지만 스윙은 느낌으로 해야 한다. 클럽헤드를 통제하려는 순간 클럽 스피드, 원심력, 클럽헤드 무게는 전혀 느낄 수 없다.

그리고 스윙 때 왼팔을 곧게 펴거나 볼을 세게 치려고 하지 않아도 된다. 그렇게 하지 않아도 원심력에 의해 클럽헤드 무게로 왼팔도 펴지고 볼도 세게 맞는다. 다만 다른 사람의 스윙을 볼 때 또는 스윙 단계별 구분 동작을 슬로모션이나 사진으로 볼 때 그렇게 보일 뿐이다. 보이는 것에 속으면 안 된다. 누구나 슬로 모션으로 자신의 스윙을 보면 다 그렇게 보인다. 우리는 단지 몸에 힘을 빼고 느슨하게, 헐렁헐렁하게 한 뒤 클럽헤드 무게로 볼을 치면 된다.

07

손동작을 어떻게 하는지 모른다면

초보 때는 우선 올바른 그립과 손동작을 익히는 것이 중요하다. 왼손 그립을 잡을 때 새끼손가락 아랫부분에 티가 들어가지 않을 정도로 그립에서 떨어지면 안 된다(사진①). 티가 들어갈 정도로 떨어지면 그립이 손안에서 놀 수 있기 때문이다(사진②). 새끼손가락 아래쪽 살이 도톰한 부분을 여섯 번째 손가락이라 상상하고(사진③), 그 부분이 그립에 밀착되도록 잡아야 한다(사진④). 그립은 세게 잡는 것도 아니고 그렇다고 가볍게 잡는 것도 아니다. 부드럽지만 견고하게 잡아야 한다. 견고함의 의미를 잘 이해해야 한다.

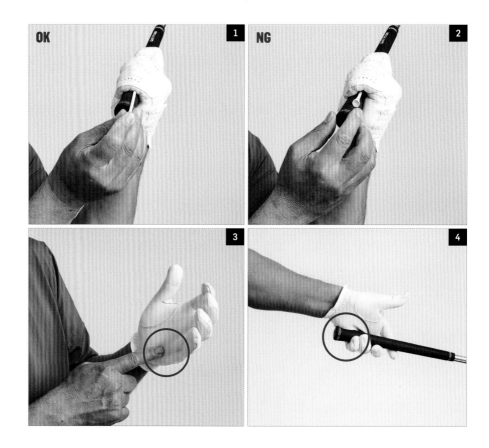

제자리에서 도는 것을 회전이라고 하는데, 골프에서는 회전을 로테이션이라고 표현한다. 그리고 제자리에서 회전하는 것이 아니라 구역 안에서(사진❺) 나누어 회전하는 것을 로테이션이라고 한다(사진❻, ❼).

로테이션 구간

로테이션을 할 때 손동작을 잘 이해해야 한다. 손이 로테이션 되어야 팔뚝도 회전한다. 손이 안 도는데 팔뚝만 돌 수는 없다. 이처럼 우리가 의식적으로 움직일 수 있는 근육을 수의근, 움직일 수 없는 근육을 불수의근이라고 부른다. 즉, 손은 수의근, 팔뚝은 불수의근이다(사진❽).

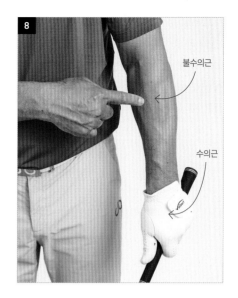

처음에는 손의 작은 근육들을 어떻게 써야 하는지 느껴야 한다. 골프에서 손을 쓰지 말라는 것은 말도 안 되는 소리다. 손을 어떻게 써야 하는지를 익혀야 한다. 로테이션을 하면서 손은 어떻게 움직이는지, 팔뚝은 어떻게 움직이는지를 잘 느껴야 한다. 로테이션을 올바르게 하면 클럽헤드의 토우 부분이 하늘을 향한다(사진❾). 로테이션이 너무 많이 되면 클럽이 안쪽으로 오고(사진❿), 로테이션이 덜 되면 클럽 페이스가 하늘을 향하고(사진⓫) 결국 치킨윙으로 이어진다. 골프에서 로테이션의 중요성은 아무리 강조해도 지나치지 않다. 손동작은 골프 스윙의 가장 근본이다. 손동작이 잘 되면 나머지 몸동작도 잘 된다.

손동작을 익히기 위한 로테이션을 할 때 단계별 손동작을 구분해서 연습하지 말고, 자연스럽게 로테이션하면서 느껴야 한다.

Talgol Swing

나병관 프로의
골프 멘탈 챙기기

#01

골프는 심판이 없는 스포츠다. 또한 골프는 매너를 중시하는 스포츠다. 그래서 골퍼는 경기 규칙도 잘 알아야 하지만 골프 에티켓도 잘 배워야 한다. 골프에서 사람을 평가하는 기준은 필드에서 어떻게 행동하는가이다. 경기 중에 상대방의 볼을 함께 찾아주고 배려하는 태도도 필요하다. 골프는 동반자를 존중하고 서로 간에 신뢰를 쌓는 것이 매우 중요하다. 스코틀랜드 명언에 다음과 같은 말이 있다. "그 사람의 됨됨이는 18홀이면 충분히 알 수 있다."

08

초보 때 제발
로테이션부터 익혀서 휘둘러라

동영상 보기

골프에는 회전 구간이 있는데(사진❶) 그 구간 안에서 골프 클럽이 회전하는 것을 로테이션이라고 했다. 골프에서 로테이션에 대한 이해는 매우 중요하다. 특히 초보 때 로테이션에 대해 반드시 알고 넘어가야 골프의 회전운동을 이해하면서 할 수 있다.

몸: 회전 구간
클럽: 로테이션 구간

초보 때는 클럽헤드가 스퀘어로 내려와서(사진❷) 스퀘어로 볼을 치고(사진❸) 스퀘어로 지나가야 한다고(사진❹) 생각한다. 왜냐하면 상식적으로 그렇게 쳐야 볼이 똑바로 날아갈 것 같고 실제로 눈에도 그렇게 보이기 때문이다. 하지만 슬로 모션으로 보면 로테이션 구간에서 클럽 페이스는 열린 상태에서(사진❺) 조금씩 닫히면서 볼에 접근하다가 임팩트 순간 스퀘어로 맞고(사진❻) 이후에 조금씩 닫히면서 지나간다는(사진❼) 사실을 알 수 있다. 따라서 '백스윙-다운스윙-폴로 스루'는 모두 로테이션이 되어야 함을 알 수 있다. 만약 클럽이 스퀘어로 내려와서 스퀘어로 간다는 생각을 가지고 있으면 퍼 올리는 스윙이 될 수밖에 없다.

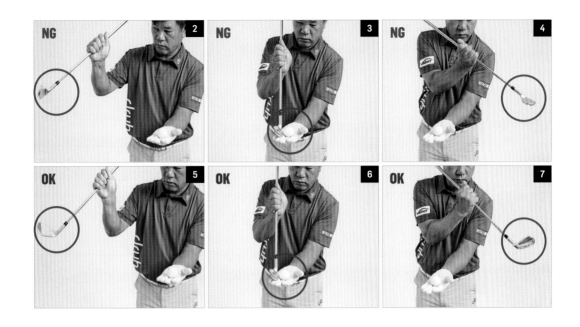

회전 구간에서 로테이션이 안 되고 스퀘어로 스윙할 경우 백스윙 때 오른손바닥과 왼손등이 바닥을 향하고(사진 8), 그 상태로 백스윙 톱으로 가면 팔뚝 회전이 되지 않으므로 치킨윙 자세가 나올 수밖에 없다(사진 9).

마찬가지로 폴로 스루 때는 왼손바닥과 오른손등이 바닥을 향하고(사진⑩), 팔뚝 회전이 없기 때문에 피니시로 갈수록 치킨윙 자세가 나오게 된다(사진⑪).

치킨윙

이렇게 되는 이유는 우리가 손동작을 이해하지 못하기 때문이다. 골프 스윙은 손이 회전한다는 사실을 일단 인정하고 시작해야 한다(사진⑫, ⑬, ⑭, ⑮). 헷갈리지 말아야 할 점은 여기서의 회전이란 제자리에서의 회전이 아니라, 구간 안에서의 회전을 말한다. 그리고 우리는 이것을 로테이션이라고 한다.

초보 때 로테이션에 대한 이해를 잘하려면 빈 스윙을 많이 하는 것이 좋다. 일단 볼이 없어야 한다. 빈 스윙을 하면 내 몸이 손을 볼에 개입시키지 않는다. 빈 스윙은 아무 생각 없이 휘두르기 때문에 가장 자연스럽다. 그래서 손과 클럽이 회전하는 느낌을 잘 느낄 수 있다. 그렇게 몇 차례 빈 스윙을 하고 볼 한 개씩 치는 연습을 반복하는 것이 효과적이다. 이렇게 해도 처음에는 볼만 놓으면 자기도 모르게 걷어 올릴 것이다. 그만큼 빈 스윙 연습이 중요하다.

초보 때는 최대한 빨리 손동작을 익히는 것이 좋다. 손과 전완(아래 팔뚝)의 회전 느낌을 익히는 것이다. 전완 위쪽으로는 절대로 어떤 동작도 하려 하지 말고 손과 전완의 회전으로만 로테이션 연습을 계속하자.

09

로테이션을 익혔다면
그다음은 어떻게 할까?

동영상 보기

손동작을 익혔으면 그다음은 몸동작을 할 줄 알아야 한다. 비거리가 많이 나기 위해서는 클럽 스피드가 빨라야 한다. 특히 드라이버는 아이언보다 더 길기 때문에 클럽헤드가 더 빨리 다녀야 한다. 그러나 클럽헤드와 몸의 회전이 같이 다니면 클럽 스피드가 빨라질 수 없다(사진❶, ❷, ❸).

시곗바늘에 비유하면 몸은 시침, 팔은 분침, 클럽은 초침이다. 따라서 몸과 팔, 클럽은 움직이는 스피드가 각기 달라야 한다. '클럽 → 팔 → 몸' 순으로 스피드가 나야 한다(사진 ❹, ❺, ❻, ❼).

손동작 연습에서 했듯이 그냥 휘두른다는 느낌으로 빈 스윙을 해보자(사진⑧, ⑨). 클럽헤드를 조절하려 하지 말고 힘을 빼고 휘두른다. 그다음 클럽을 거꾸로 잡고 빈 스윙을 해보자(사진⑩, ⑪). 이때도 클럽을 통제하려 하지 말고 어깨 회전은 많이, 손은 낮게, 그립 끝은 높게 만들고 손을 최대한 빠르게 휘두르며 스윙한다. 이것이 풀스윙의 기본 동작이다.

다시 클럽을 똑바로 잡고 방금 연습한 느낌으로 볼을 쳐보자. 실제로 볼을 칠 때도 힘을 빼고, 어깨 회전은 많이, 손은 낮게, 팔이 '쭉쭉' 늘어나는 느낌으로 스윙한다. 이렇게 스윙하면서 손동작에 추가로 몸의 힘을 쓰는 방법을 알아야 한다. 물론 초보자나 아마추어 등 골프를 전문적으로 하지 않는 사람들은 손동작만으로도 볼을 충분히 칠 수 있다. 그러나 선수나 수준 높은 골프를 원하는 아마추어는 몸동작이 필요하다.

백스윙 톱에서(사진⑫) 다운스윙 전환 때 먼저 왼무릎이 벌어지면(세퍼레이션) 클럽의 위치가 떨어지고(사진⑬), 그다음 코어 힘을 쓰면서 회전해서 스피드를 내는 방법을 익혀야 한다(사진⑭). 이렇게 해야 손의 개입을 많이 안 시키고 칠 수 있다. 그렇다고 손을 안 쓰는 것이 아니다. 손은 쓰되, 손이 지나치게 개입되면 방향성이나 힘 전달에 한계가 있기 때문에 몸동작을 이용해야 한다.

그리고 가장 중요한 한 가지! 스윙할 때 몸에 힘을 빼야 한다. 몸에 힘을 뺀다는 것의 올바른 의미는 근육이 경직되지 않게 하는 것이다.

12   13 14

클럽이 먼저 지나가고 볼이 나중에 날아가는 벙커 원리를 아는가?

벙커 샷을 한마디로 정리하자면 '폭발 샷'이라고 할 수 있다. 리딩 에지로 모래를 파고 지나가도록 치는 것은 폭발이 아니다. 벙커 샷은 바운스로(사진❶) 모래를 먼저 때려야 하는데, 그냥 때리는 것이 아니라 모래가 폭발하듯이 강하게 때려야 한다.

아이언 샷이든 어프로치 샷이든 모든 샷은 클럽헤드로 볼을 때리면 볼이 먼저 날아가고 클럽이 뒤따라가게 된다. 그러나 15~20미터 이내의 근거리 벙커 샷은 클럽헤드가 먼저 지나가고 볼이 나중에 날아가야 한다. 이것이 가장 중요한 포인트다. 그래서 가까운 거리임에도 빠르게 스윙해야 한다. 가깝다고 천천히 치면 성공률이 떨어진다. 이 원리는 반드시 기억해야 한다.

벙커 샷을 잘하기 위해서는 몸의 중심이 떠 있으면 안 되고 항상 바닥 쪽에 있어야 한다. 그리고 정확한 지점을 치는 능력을 키워야 한다. 타격 지점이 정확하지 않으면 거리감이 안 맞거나 탈출 자체에 실패할 수 있다. 정확한 지점 타격을 위해서는 모래 위에 선을 긋고 그 선을 정확히 치는 연습이 매우 효과적이다(사진❷).

자, 그럼 거리 조절은 어떻게 할까? 30미터 이내 근거리 벙커 샷은 클럽헤드가 볼 밑을 먼저 지나가고 볼이 나중에 날아가는 원리이기 때문에, 남은 거리의 3~4배를 치는 느낌으로 스윙해야 한다. 먼저 클럽 페이스를 오픈시키고 (사진❸) 더 빠르게, 더 강하게 폭발시키는 스윙을 해야 한다(사진❹, ❺).

그런데 이 정도의 스윙 스피드를 내기 어렵다면 클럽 페이스를 조금 닫고(사진⑥) 클럽헤드와 볼이 같이 가는 느낌으로 친다(사진⑦, ⑧).

반면에 30~40미터 정도 되는 거리는 근거리에서 치는 방식으로는 비거리에 한계가 있기 때문에, 클럽 페이스를 조금 닫고 몸 전체를 이용해 큰 근육으로 스윙하고 피니시도 끝까지 해야 한다(사진⑨ ~ ⑫).

도대체 헤드 무게를
어떻게 느끼는가?

동영상 보기

우리는 스윙을 효율적으로 해야 한다. 그러기 위해서는 클럽의 관성과 헤드 무게를 최대한 활용하여 볼에 힘 전달을 할 줄 알아야 한다. 클럽의 관성을 제대로 활용하려면 클럽이 다니는 길을 인위적으로 조절하면 안 된다. 그것은 관성이 아니라 손으로 치는 것이다. 클럽이 다니는 본연의 길을 잘 다니게 두고 거기에 힘을 보태어 최대의 파워를 내야 관성을 활용하는 것이다.

헤드 무게를 활용하려면 클럽헤드로 볼을 때리고 클럽을 멈출 줄 알아야 한다. 이때 클럽헤드 무게를 확실하게 그대로 바닥에 떨구는 느낌이다(사진❶). 이 동작이 되려면 손목에 힘이 빠져서 부드러워야 한다. 심지어 볼을 때리고 클럽을 다시 뒤로 뺄 수도 있어야 한다. 뭔가 묵직한 것을 바닥에 부드럽게 떨구고 뒤로 빠지는 느낌이다. 반대로 손목에 힘이 많으면 클럽헤드 무게를 바닥에 뿌리기도 어렵고 볼을 때리고 멈추기도 힘들다(사진❷).

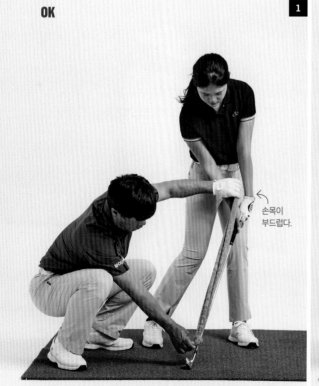

OK　1

손목이 부드럽다.

NG　2

손목에 힘이 강하다.

이 동작이 가능해지면 그다음은 원심력과 체중까지 이용한 스윙을 한다(사진❸). 보통은 클럽이 몸통 앞으로 뻗어지는 자세가 안 나오고 위를 향하는데(사진❹), 그 이유는 다운스윙 때 손이 일찍 풀리면서 올려 치려고 하기 때문이다. 또한 클럽이 뻗어지더라도 로테이션이 되지 않아 왼손바닥과 오른손등이 바닥을 향하는 자세가 나오곤 한다(사진❺).

헤드 무게가 어떻게 이용되는지 눈으로 직접 볼 수 있는 좋은 연습법이 있다. 종이컵의 바닥을 뜯어내고 채에 끼운다. 이제부터 종이컵을 헤드 무게라고 상상한다. 먼저 백스윙을 해보자. 만약 백스윙을 너무 빠르게 하면 종이컵이 클럽 끝 쪽으로 다닌다(사진❻). 반면에 백스윙을 여유롭게 하면 종이컵이 아래쪽으로 내려오게 된다(사진❼). 그렇게 백스윙을 하면 종이컵이 아래쪽으로 완전히 내려오는데, 헤드 무게가 손 쪽으로 완전히 내려온 것이다. 이때 힘이 완전히 빠져야 한다. 만약 힘이 들어가면 종이컵이 채 끝 쪽에서 다닌다.

그다음 다운스윙 때 종이컵(헤드 무게)을 아래로 탁 털어줘서(사진❽) 임팩트 순간 종이컵(헤드 무게)을 클럽헤드 끝으로 완전히 떨궈준다(사진❾). 이때 볼이 맞아야 한다. 이처럼 헤드 무게가 완전히 떨어지는 동시에 볼이 맞는 것을 스매시 팩터라고 하는데, 힘 전달이 최고로 좋을 때 볼이 맞아야 한다. 헤드 스피드는 빠르지 않은데 볼이 멀리 나가는 사람들은 스매시 팩터가 좋은 것이다. 그런데 헤드 끝을 밀거나 들어 올리면 클럽헤드의 무게를 이용할 수 없다.

내가 탈골 스윙을 강조하는 이유는 어깨에 힘이 많이 들어가 임팩트 때 어깨가 들리거나(사진❿), 몸이 경직되어 움츠러드는(사진⓫) 사람들이 많은데, 볼을 때릴 때 탈골하면 헤드 끝이 늘어난다는 것이다(사진⓬). 물론 탈골만 한다고 무조건 볼이 잘 맞는 것은 아니고 타이밍과 싱크 등 여러 가지가 잘 맞아야 한다. 다만 임팩트 때 어깨 힘이 빠져야 한다는 사실은 여러 번 강조해도 지나치지 않다.

NG 10

NG 11   OK 12   탈골!

· Talgol Swing ·

**나병관 프로의
골프 멘탈 챙기기**

#02

우리는 생각하던 방식대로만 생각하는 경향이 있다. 하지만 모든 상황을 어떤 시각으로 보느냐에 따라 가능성은 높아질 수도, 반대로 낮아질 수도 있다. 필드에서 대부분의 사람은 페어웨이와 온그린을 노리고 공략한다. 하지만 장애물 등 어떤 상황들 때문에 의도적으로 러프 또는 그린 주변을 공략해야 파세이브 가능성이 높아지는 경우도 있다. 그런데 항상 생각하는 방식대로 직접 공략한다면 좋은 결과를 장담하기 어렵다. 기존의 틀에서 벗어나 생각하는 능력을 키워라. 그래야 창의력이 발달하고 당신의 게임 능력이 향상된다.

그린 주변 상상력을 키우기 위해 이것만은 꼭 익혀라

동영상 보기

그린 주변에서 어프로치를 하기 전에는 두 가지를 꼭 생각해야 한다. 첫째는 내 볼이 어떻게 놓여 있느냐이고, 둘째는 어떤 샷이 필요한가이다. 즉, 볼이 놓여 있는 상황에 따라 샷을 다르게 선택해야 한다. 골프란 미스를 예측하고 그것을 방지하는 플레이를 하는 것이 매우 중요하다.

먼저 지면 상태가 안 좋은 경우, 가령 비가 온 후 바닥이 딱딱하거나 모래가 많은 경우에는 어프로치를 할 때 뒤땅 실수 확률이 높다. 지면 컨디션이 좋은 일반적인 상황이라면 샌드웨지로 어프로치를 하겠지만, 뒤땅 미스를 미리 예측하고 방지하기 위해 클럽과 샷을 다르게 선택해야 한다. 이런 상황에서는 샌드웨지 대신 피칭을 선택하고(사진❶), 퍼팅 그립을 잡고(사진❷) 퍼팅하듯이 어프로치를 하는 방법이 매우 좋다(사진❸, ❹, ❺). 만약 퍼팅 그립이 불편하다면 원래 그립을 잡되 그립을 약간 짧게 잡는다.

특히 일반적인 어드레스 때 볼과의 간격보다(사진❻) 가깝게 서는 것이 중요하다(사진❼). 가깝게 서면 클럽의 라이각이 보통 때 각도보다(사진❽) 세워진다(사진❾). 이때 라이각을 줄인다고 엉덩이를 뒤로 빼지 않도록 주의한다(사진❿). 볼에 가깝게 서면 볼이 클럽 페이스의 스위트 스폿이(사진⓫) 아닌 토우 쪽에 맞게 된다(사진⓬). 일반적인 샷은 볼이 토우 쪽에 맞을 경우 비거리가 덜 나가지만, 어프로치하는 볼을 멀리 치는 샷이 아니기 때문에 거리에 미치는 영향은 없다. 오히려 힐 쪽이 들려 있기 때문에 바닥의 저항을 최대한 덜 받아 실수를 줄이고 볼만 깨끗하게 쳐낼 수 있다.

실제 필드에서 이런 방식의 어프로치를 구사하는 비율은 60~70%에 달할 정도로 높다. 특히 그린 주변 어프로치는 거의 이 방식으로 구사할 정도로 빈번하게 사용되므로 매우 중요하다. 어프로치 거리에 따라 피칭, 9번 아이언 등 클럽만 바꿔주면 된다. 따라서 평상시에 충분한 연습을 통해 감각을 익혀야 한다.

이번에는 지면 상태가 좋은 경우의 어프로치 방법이다. 우선 자기만의 거리 기준이 있어야 한다. 가령 백스윙을 무릎 높이까지, 폴로 스루를 무릎 높이까지 할 경우 사람에 따라 볼이 20미터를 갈 수도, 25미터를 갈 수도 있다. 사람마다 임팩트가 다르기 때문에 자기만의 거리 기준과 감각을 가지고 있어야 한다.

어프로치를 할 때 거리는 스윙 크기로만 맞추는 것이 아니다. 같은 크기의 스윙을 하더라도 몸의 스피드, 볼의 속도, 몸의 회전력, 체중이동, 볼의 위치 등에 따라 거리는 달라진다. 어프로치의 핵심은 스핀량 조절이다. 만약 20미터, 30미터 스윙 크기 기준은 가지고 있는데, 25미터를 보내야 한다면 어떻게 해야 할까? 보통 평소에 5미터 단위까지는 연습을 거의 하지 않기 때문에 이런 경우에는 동물적 감각으로 쳐야 한다. 즉, 20미터를 조금 크게 치거나 30미터를 조금 작게 치는 것이다. 여기서 핵심은 스핀량 조절이다. 20미터 방식에서 볼을 조금 오른쪽에 놓고 더 굴리거나, 30미터 방식에서 볼을 조금 왼쪽에 놓고 덜 굴리는 것이다. 이렇게 볼의 위치 변화와 스핀량 조절로 거리감을 맞출 수 있다. 즉, 같은 크기의 스윙을 하더라도 생각과 상상을 하면서 쳐야 한다.

그리고 여기서 매우 중요한 기본 한 가지! 어프로치는 백스윙을 할 때 클럽을 몸 뒤로 빼는 것은 절대 금물이다(사진⓭). 클럽을 몸 뒤로 빼면 볼을 칠 때 퍼올리게 되어 뒤땅이나 탑볼 확률이 높아진다. 차라리 약간 바깥쪽으로 빼는 느낌이 낫다(사진⓮).

같은 거리인데 잔디가 긴 러프 상황에서는 어떻게 해야 할까? 일단 잔디가 길면 잔디의 저항 때문에 채는 덜 나가지만 런은 많이 발생한다. 지면이 좋은 상황에서는 스윙 크기를 좌우 대칭으로 해서 거리감을 맞추는 방식으로 하지만(사진❻, ❼), 잔디가 긴 상황에서 똑같은 방식으로 하면 클럽헤드가 잔디에 감기거나 걸려서 거리를 맞출 수 없다. 따라서 잔디의 저항을 이겨내기 위해서 클럽헤드의 무게를 바닥에 '탁' 던지면서 폴로 스루하고 클럽 페이스가 목표 방향을 향하도록 유지한다(사진❼, ❽). 이것은 실제로 프로들이 가장 많이 구사하는 어프로치 방식이다.

골프를 잘하기 위해서는 쉬운 플레이를 잘해야 한다. 즉, 좋은 라이에서의 어프로치는 매일 연습해서 실전에서 실수하지 말아야 스코어가 좋아진다. 반면에 러프와 같은 어려운 라이는 누구나 거리감을 맞추기가 어렵다. 다만 경험을 쌓으면서 성공 확률을 높일 뿐이다. 쉬운 플레이는 반드시 연습을 많이 해서 실수하지 않도록 한다.

13

도대체 릴리스를 모르고 어떻게 골프를 친단 말인가?

동영상 보기

골프에서 릴리스란 무엇인가? 릴리스란 클럽을 놓는 것이다. 물론 실제로 클럽을 놓는 것은 아니지만 놓는 것과 같은 느낌, 손목이 헐렁헐렁할 정도로 힘이 다 빠져 있고 클럽은 손에 매달려 있을 뿐이다. 릴리스는 골프에서 반드시 해야 하는 동작이다. 릴리스는 다양한 운동에서도 꼭 필요한 동작이다. 예를 들어 투수의 투구 동작에도 릴리스가 있으며, 릴리스 포인트가 빠르냐 느리냐에 따라 결과가 달라진다.

골프에서는 반드시 손을 놔야 클럽헤드가 던져지고 스피드가 나면서 볼에 힘 전달을 할 수 있다. 릴리스는 할 줄 아는데 볼이 잘 맞지 않는다면, 그것은 릴리스 포인트를 아직 못 찾은 것이다. 그러나 골프를 수년을 쳐도 릴리스를 모르면 클럽을 놓지 못하고 계속 밀고 가는 스윙을 한다. 이것은 타격, 힘 전달의 의미를 모르는 것이다. 타격, 블로우, 다운 블로우는 손을 놓으면서 힘을 전달하는 릴리스 과정 속에(사진❶, ❷) 로테이션이 포함된다(사진❸).

자, 그럼 모든 샷에는 릴리스가 있을까? 물론 있다. 모든 타격에는 릴리스가 있다. 릴리스가 없다면 밀고 가는 것이다. 퍼팅, 어프로치, 풀스윙 등 모든 샷에는 형태가 다를 뿐 릴리스가 있다. 예를 들어 숏퍼팅도 릴리스 없이 밀고 나가면 볼에 힘 전달이 안 되어 라이를 많이 타고 휘게 된다(사진❹). 반면에 백스윙을 크게 하더라도 폴로 스루를 짧게 끊어 쳐주면 힘 전달이 되어 라이를 많이 안 탄다(사진❺).

다시 한번 강조하지만 골프에서 릴리스는 꼭 해야 한다. 하지 않으면 절대 안 된다. 골프 용어를 잘 생각해 보면 그 속에 해답이 있다. 테이크 백은 우리가 동작을 만들어서 하기 때문에 '테이크'가 사용되지만 폴로 스루는 강력한 원심력에 의해 클럽헤드가 지나가는데 우리 몸이 버티질 못하고 따라가기 때문에 '폴로'인 것이다. 만약 인위적으로 만드는 동작이었다면 '폴로 스루'가 아니라 '테이크 스루'가 맞을 것이다.

14

동영상 보기

골프에서 최고의 기술은 힘 빼는 기술이다

몸에 힘이 빠진다는 개념은 어깨에 힘이 없고, 팔은 스윙을 거들 뿐 실처럼 하늘하늘한 느낌이며, 헤드 끝의 무게가 어느 순간 바닥에 완전히 '툭' 떨어지는데 그것이 임팩트이고, 그 무게 때문에 몸이 저절로 딸려가는 것이 폴로 스루다. 임팩트 순간에 클럽헤드의 무게를 완전히 던져주면 볼이 묵직하게 날아가는 것을 경험하게 된다.

어드레스 때 어깨를 살짝살짝 들었다 났다를 반복하면 어깨 힘을 빼는 데 도움이 된다. 그리고 처음에는 손에도 힘이 빠져야 한다. 그립의 강도는 다른 사람이 클럽을 잡아당겼을 때 손에서 빠지지 않을 정도면 적당하다. 나중에 익숙해지면 그립은 강하게 잡되 손목에만 힘을 빼면 된다.

백스윙 때에는 팔, 특히 어깨에 힘이 없어야 한다(사진❶, ❷). 그리고 클럽헤드의 묵직한 무게감을 느껴야 한다. 임팩트 순간에 탈골시키려면 백스윙 때 어깨에 힘이 완전히 없어야 한다. 백스윙 때 어깨에 들어간 힘을 임팩트 때 뺄 수는 없다. 백스윙 톱에서 임팩트까지 너무 짧은 순간이기 때문에 순간적으로 힘을 빼기란 불가능에 가깝다.

임팩트 때도 어깨에 힘이 없어야 하고, 폴로 스루 때는 몸이 완전히 회전해야 한다(사진❸). 클럽헤드의 무게가 아주 강하게 가려는 성질을 몸이 잡고 있으면 안 된다. 클럽헤드가 '쭉' 뻗어갈 때 손은 그립에 매달려 있는 느낌이어야 팔이 최대한 펴지게 된다. 만약 몸이 회전하지 않고 버티면(사진❹) 클럽헤드가 가려는 방향을 방해하고, 결국 볼의 방향성이 나빠진다.

OK 3

NG 4

골프는 클럽헤드 무게로 치는 것이다. 힘을 만들어서 치는 것이 아니다. 실제로 어깨가 탈골됐다고 가정해 보자. 탈골됐다면 어깨에 힘을 줄 수도, 팔을 마음대로 움직일 수도 없다. 만약 팔을 움직일 수 있다면 그것은 탈골이 아니다. 탈골 상태에서 팔을 옆으로 보내려면 몸통의 움직임으로 보낼 수밖에 없다(사진❺, ❻, ❼). 이 느낌을 잘 기억하자.

 5  6  7

자, 샤프트와 팔이 모두 실이라고 상상해 보자. 클럽헤드와 어깨 사이가 실로 연결된 느낌으로 좌우로 슬슬 움직여보자. 클럽헤드의 무게감을 느끼면서 좌우로 몇 차례 움직이다가 스윙을 해보자. 클럽헤드의 무게가 바닥에 완전히 떨어지는 느낌을 느껴보자. 팔은 실처럼 하늘하늘하지만 헤드 끝은 무겁다는 것을 느끼게 되면 신세계가 열릴 것이다.

동영상 보기

드라이버 영업비밀 대공개

드라이버가 찍혀 맞는 뽕샷이나 슬라이스가 자주 나는 골퍼들이 많다. 드라이버가 찍혀 맞는 이유는 몸의 회전은 충분하나 손목과 팔이 독립적으로 클럽 컨트롤을 하지 못하고 몸에 오래 붙어 있는 몸에 의존하는 스윙을 하기 때문이다(사진❶). 이런 경우에는 몸에서 팔이 쭉 뻗어지는 연습을 해야 한다(사진❷).

얼라인먼트 스틱을 활용하는 연습법이 매우 효과적이다. 스틱과 클럽을 같이 잡고 스윙을 하는데, 팔이 몸에 오래 붙어 있으면 스틱이 몸에 닿는다(사진❸). 그래서 스틱이 몸에 닿지 않는 동작이 나오도록 연습을 해준다(사진❹, ❺). 스틱으로 동작 연습을 몇 번 하고 드라이버만 잡고 스윙을 해보자. 처음에는 느린 스피드로 동작에 집중하면서 스윙하고, 동작이 조금 익숙해지면 점차 스피드를 높여가면서 스윙한다.

다운스윙 때 힘을 주지 않고 클럽이 빠르게 내려오는 느낌으로 스윙하다가 임팩트 직전에 감속하면 클럽 샤프트가 휘면서 임팩트가 이루어진다(사진❻). 그러나 다운스윙 때 힘을 주면서 감속 없이 계속 밀고 나가면 스윙이 경직되고 스피드가 살지 않는다(사진❼, ❽).

OK 6

감속!

NG 7

NG 8

드라이버로 빈 스윙을 하면서 임팩트 직전에 감속하면서 멈춰보자(사진❾, ❿). 이렇게 몇 번 연습하고 똑같은 느낌으로 볼을 쳐보자. 임팩트 직전 감속하는 순간 갑자기 클럽 스피드가 빨라지면서 클럽 헤드가 뿌려지는 느낌을 받게 될 것이다(사진⓫).

임팩트 직전
감속하면서 멈춘다.

동영상 보기

벙커 샷의 원리를 이해하라

많은 아마추어 골퍼들이 벙커 샷을 두려워하는데, 벙커도 코스의 한 부분으로 생각하면 편하다. 벙커는 경험을 통해서 먼저 탈출하는 방법을 알아야 하고, 그다음에 배워야 할 것이 거리 조절이다. 벙커 샷하면 일단 폭발을 먼저 생각하자. 벙커 샷은 클럽헤드로 모래를 쳐서 강력한 모래 폭발을 일으켜 볼을 탈출시켜야 한다. 그리고 강한 폭발을 일으키려면 스피드가 필요하다. 느린 스피드로는 절대 폭발을 일으킬 수 없다. 그리고 빠른 스피드를 위해 풀스윙을 해야 한다.

벙커에서 홀컵까지 모래를 보낸다고 생각해 보자. 다시 말해, 모래가 튕겨서 홀컵까지 날아간다고 생각해 보자. 모래를 튕기려면 클럽 페이스를 열어야 하는데, 아마추어 골퍼들은 클럽 페이스를 열면 심리적으로 불안해한다. 볼이 엉뚱한 곳으로 날아갈지도 모른다는 두려움 때문이다. 클럽 페이스를 여는 게 무슨 역할을 하는지, 왜 여는지를 모르고 그냥 열라고 하니까 열고 치는 경우가 대부분이다. 그러나 원리를 알고 나면 불안감은 사라진다.

먼저 클럽헤드의 명칭을 알아보자. 클럽헤드의 끝부분을 리딩 에지(사진❶), 넓적한 부분을 솔(사진❷), 튀어나온 부분을 바운스(사진❸)라고 한다. 클럽헤드가 내려오면서 모래에 리딩 에지가 맞을 때(사진❹), 솔이 맞을 때(사진❺), 바운스가 맞을 때(사진❻)의 헤드 각도는 각각 다르다.

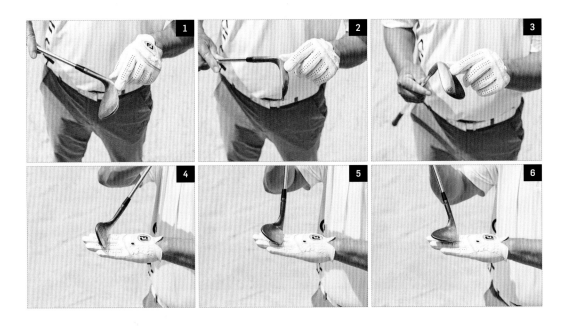

벙커 샷은 바운스가 모래에 먼저 맞아야 하고, 바운스 모양이 넓적하기 때문에 클럽헤드가 모래 속으로 살짝 들어갔다가 튕겨 나온다(사진❼). 반대로 리딩 에지가 모래에 먼저 맞으면 클럽헤드는 모래 속 깊이 파고 들어가게 된다(사진❽).

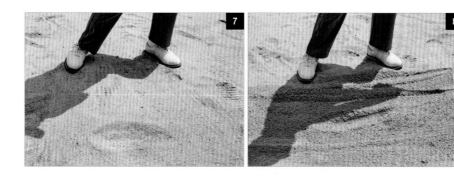

그리고 바운스가 모래를 맞고 나갈 때 스피드가 얼마나 빠르냐에 따라서 폭발 강도가 달라진다. 초보자들이 벙커 샷을 어려워하는 이유는 스피드를 내지 못하기 때문이다. 벙커 샷은 클럽 페이스를 열고 치기 때문에 더 빠르게 쳐야 한다. 7번 아이언으로 풀스윙을 한다고 생각하면 된다. 그런데 아무리 클럽을 빠르게 휘둘러도 팔로만 스윙하면 모래의 저항 때문에 스피드를 많이 낼 수 없고 볼이 잘 안 나간다(사진❾). 벙커 샷도 몸의 회전이 있어야 볼이 더 세게 나갈 수 있다(사진❿). 즉, 손의 스피드만이 아니라 몸의 스피드로 같이 회전해야 볼이 더 힘을 받는다.

벙커 샷에서 제일 중요한 것은 타격 지점을 정확하게 가격하는 것이다. 볼 뒤쪽에 볼 1개 정도 들어가는 지점을 쳐야 한다(사진⓫, ⓬). 그 지점 안에서는 어디에 맞든 탈출하는 데 지장이 없다. 그러나 그보다 더 뒤쪽을 친다면 아무리 세게 쳐도 볼이 안 나간다. 그래서 벙커 샷을 연습할 때 라인을 2개 긋고 라인 사이를 치는 연습을 하면 매우 효과적이다(사진⓭).

벙커 샷에서 중요한 마지막 한 가지! 보통 풀 스윙은 로테이션을 하는데(사진⓮), 벙커 샷은 다르다. 백스윙 때 클럽이 전혀 회전하지 않고 클럽 페이스가 자신을 보고 있고(사진⓯), 세게 치더라도 클럽이 회전하지 않고 끝까지 자신을 보는 모양이어야 한다(사진⓰). 볼을 칠 때는 손이 회전하는 것처럼 보이지만 실제로는 손은 회전하지 않고 몸과 함께 모래를 세게 '빵' 치면서 몸 전체가 회전하는 것이다(사진⓱, ⓲, ⓳).

동영상 보기

초보 때도 바닥에 있는 모든 볼은
다운 블로우로 쳐라

볼을 다운 블로우로 치지 못하고 걷어 올려 치더라도 방향성은 좋을 수 있다. 그러나 볼의 파워가 약하기 때문에 거리를 멀리 못 보내고, 탄도도 높아지다 보니 바람의 영향도 많이 받는다. 물론 필드에서 걷어 올리는 샷을 구사하는 상황도 많다. 그러나 기본적으로 다운 블로우로 볼을 칠 줄 알아야 같은 클럽으로도 거리를 한 두 클럽 정도 더 보낼 수 있다.

　이 사실을 알면서도 다운 블로우로 못 치는 이유는 다운 블로우로 볼을 쳤을 때 어떤 원리로 볼이 날아가는지에 대한 이해가 부족하기 때문이다. 무의식적으로 볼을 띄우는 스윙을 구사하면 클럽헤드가 완만하게 들어간다(사진❶). 반면에 다운 블로우를 구사하면 클럽헤드가 위에서 약간 가파르게 내려오는데(사진❷) 그러면 바닥에 있는 볼에 스핀이 걸리면서 클럽 페이스를 올라타며 볼이 솟아오르게 된다(사진❸). 그래서 다운 블로우로 볼을 치면 클럽 페이스 아래쪽 2~3번째 그루브와 그 위쪽에 볼 자국이 생기게 된다. 이것이 다운 블로우로 볼을 쳤을 때 볼이 날아가는 원리다.

자, 그럼 다운 블로우로 볼을 치려면 어떻게 쳐야 할까? 기본적으로 어깨와 손목은 헐렁헐렁하게 힘이 완전히 빠져야 하고, 백스윙 때 척추각 유지가 중요하다. 어드레스 자세에서 척추각 변화 없이 그대로 백스윙이 이루어져야 하는데(사진❹), 백스윙 톱에서 상체가 들리면서 어깨가 평평해지면(사진❺) 다운스윙 때 상체가 볼로 덤비거나 다른 불필요한 보상 동작들이 나오기 때문에 다운 블로우 구사가 어려워진다. 백스윙 톱까지 척추각을 잘 유지하고(사진❻) 임팩트 때에는 손목의 위치가 볼보다 앞쪽이라 생각하고, 그 지점에서 손목을 펴준다는 생각으로 볼을 내려친다(사진❼).

그리고 볼을 칠 때는 손목을 꺾어 올린 자세에서(사진❽) 그대로 볼 쪽으로 내려치듯이 손목을 놔버리는 느낌으로 쳐야 한다(사진❾). 한 가지 주의할 점은 볼을 내려친다는 생각이 너무 앞서면 다운스윙 때 상체가 덤벼서 엎어 치는 동작이 나오게 된다(사진❿). 그러면 생크 등 미스샷이 나기 쉽다. 내려치더라도 다운스윙의 방향은 올바르게 해야 함을 명심하자(사진⓫). 그리고 다시 한번 강조하지만 다운 블로우로 치려면 손목이 헐렁헐렁해야 한다.

바닥에 있는 모든 볼은 다운 블로우로 쳐야 한다. 우드나 하이브리드 같은 클럽도 모두 다운 블로우로 치는 것이다. 다만 다운 블로우의 양이 적어 수평에 가까운 각도로 맞을 뿐이다.

동영상 보기

초보도 칩인 가능한
그린 주변 어프로치 기술

보통 그린 주변 어프로치는 56도, 52도, 피칭을 많이 사용한다. 볼이 그린 에지 근처에 있고 홀까지 10~20미터 이내인 경우가 상당히 많은데 (사진❶), 이런 상황에서 파세이브를 할 수 있는 능력이 있어야 한다. 어프로치에서 가장 많이 나오는 실수가 뒤땅과 탑볼인데, 만약 어프로치 실수로 파세이브를 못하고 보기 이상을 기록하게 되면 게임이 힘들어진다.

이런 상황에서 우리는 어떤 샷을 해야 할지 결정해야 한다. 홀까지 거리가 가까우면 크기가 작은 샷, 즉 칩샷(칩핑)을 한다. 칩샷은 헤드를 무릎 높이 이상 들지 않는다(사진❷, ❸, ❹).

칩샷 어드레스 때 양팔은 경직되면 안 된다. 팔을 똑바로 폈으니까 그대로 똑바로 백스윙하고 똑바로 치면 볼이 똑바로 갈 거라 생각하는데, 이것은 큰 오산이다(사진❺, ❻, ❼). 퍼팅을 할 때 퍼터 헤드가 바닥에 닿지 않고 볼만 잘 맞히는 움직임을 칩샷에 이용해야 한다. 즉, 퍼팅 어드레스처럼 양팔이 자연스럽게 굽어지도록 자세를 취하고 칩샷을 해야 한다(사진❽, ❾, ❿). 그리고 56도를 잡았는데 스윙 크기가 무릎 높이 이상 될 것 같으면, 스윙을 크게 하지 말고 클럽을 52도나 피칭으로 바꾸고 스윙을 작게 한다. 로프트가 작을수록 런이 많이 발생하기 때문이다.

그린 주변에서 거리에 따라 56도, 52도, 피칭, 심지어 9번 아이언까지 어떤 클럽을 사용할지는 경험을 통해 본인의 거리감을 알아야 한다. 또한 같은 거리라 할지라도 그린이 내리막이냐 오르막이냐, 잔디가 순결이냐 역결이냐 등 여러 가지 상황에 따라 클럽선택이 달라질 수 있다. 이것은 오직 경험을 통해 본인이 느껴야 한다.

그리고 같은 거리라도 공이 러프에 있는 경우에는(사진⓫) 어프로치 방식이 완전히 달라진다. 라이가 좋은 상태에서의 칩샷과 똑같이 하면 클럽헤드가 잔디에 감겨서 빠져나오기 힘들기 때문에 거리를 맞출 수가 없다. 러프 상황에서는 클럽 페이스를 열고(사진⓬) 반드시 헤드를 들어 올리고 헤드 무게로 끊어치는 느낌으로 해야 한다(사진⓭, ⓮, ⓯). 마치 리딩 에지로 잔디를 베듯이 친다. 클럽을 높게 들었다가 끊어 쳐야지, 백스윙을 낮게 들고 폴로 스루를 크게 하는 것이 절대 아니다.

· Talgol Swing ·

**나병관 프로의
골프 멘탈 챙기기**

#03

사람은 긴장을 하면 신체 조직이 수축되어 호흡이 짧고 얕아진다. 얕아진 호흡은 다시 근육을 경직시키고 정신을 바짝 조이게 하며 악순환을 일으킨다. 몸과 마음이 굳어진 상태에서는 머릿속이 하얘지고 집중력도 떨어진다. 몸의 긴장을 풀어라. 가장 좋은 해결책은 심호흡이다. 코로 숨을 깊게 들이마신 뒤 편안하게 호흡하라. 그리고 자신이 참가자들 중에서 가장 뛰어나다고 생각하고 자신있게 플레이하라.

동영상 보기

어깨 회전이 부족하다면

어깨 회전이 부족하면 왼팔이 구부러진다(사진 ❶). 팔이 구부러지는 것 자체가 나쁜 것은 아니지만 부족한 회전으로 인한 보상 동작으로 팔이 구부러지는 것이다. 팔이 구부러져도 아이언 비거리는 제 거리를 다 가지만 드라이버나 우드 등 긴 클럽은 비거리 손해를 보게 된다. 어깨 회전이 부족하면 왼쪽 어깨가 턱밑까지 오지 못하는데, 그 이유는 오른쪽 어깨가 덜 돌기 때문이다. 왼쪽 어깨는 더 회전하려고 해도 오른쪽 어깨가 더 이상 돌지 않기 때문에 팔이 몸에 가깝게 붙어 팔과 몸과의 간격이 좁아지고 오버 스윙이 된다. 어깨 회전이 제대로 되면 회전을 많이 해도 오버 스윙이 되지 않는다.

백스윙 상태에서 오른손을 내려 열중쉬어 자세를 취해 보자. 그리고 오른쪽 어깨를 더 회전시켜 보자(사진❷). 정면에서 봤을 때 오른쪽 어깨가 보일 정도로 회전시키자. 그러면 왼팔은 의도적으로 펴지 않아도 자연스럽게 펴진다. 그 상태에서 오른손으로 그립을 잡으면 팔과 몸 사이 간격이 멀어진, 아크가 커진 자세가 만들어진다(사진❸). 이때 오른팔은 90도보다 큰 둔각을 이룬다. 이렇게 큰 각도를 유지하려고 노력해야 오른쪽 어깨가 잘 돌아간다.

백스윙 자세를 만들어 놓고 볼을 치는 연습을 해보자. 처음에는 몸에 익숙하지 않은 자세라 매우 불편할 것이다. 하지만 불편함을 즐길 줄 알아야 한다. 만약 나이가 많거나 유연성이 부족한 사람은 이 자세로 볼을 맞히기도 힘들 것이다. 이런 사람은 먼저 클럽을 어깨 위에 가볍게 올리고(사진❹) 그다음 팔을 멀리 뻗고 볼을 치는 연습을 해보자(사진❺). 처음에는 동작을 실제보다 과하게 연습하는 것이 좋다. 그래서 오른팔도 훨씬 더 멀리 펴고 연습하도록 하자. 이렇게 큰 아크로 연습해야 긴 클럽을 잘 칠 수 있다. 그리고 짧은 클럽도 큰 아크로 치는 습관을 들여라. 어차피 골프 스윙은 한 가지다.

20

채 끝을 던져라!
변화를 두려워 마라!

동영상 보기

채 끝을 던질 줄 알아야 채 끝에 힘 전달을 할 수 있고 비거리를 늘릴 수 있는데, 클럽을 잘 끌고 내려와서 마지막에 채 끝을 던질 줄 모르는 골퍼들이 많다. 채 끝을 던지는 느낌을 알기 위해 다운스윙을 하면서 채 끝을 던져보자. 채 끝을 던질 때 클럽헤드에 힘이 실리는 느낌을 느껴야 하는데, 그냥 끌고 내려오기만 하면 그 느낌을 느낄 수 없고, 채 끝이 '탕탕' 튕기는 느낌으로 채 끝을 던져야 채 끝에 힘이 실리는 느낌을 느낄 수 있다. 그리고 그 힘을 볼 쪽에 던지는 것이다.

　스틱을 던질 때도 스틱이 '파르르' 진동하도록 던져야 채 끝을 던지는 느낌을 느낄 수 있다(사진❶). 마찬가지로 임팩트 구간에서도 스틱이 '파르르' 진동해야 하는데(사진❷), 진동하는 이유는 다운스윙하고 있는 힘을 임팩트 직전에 손이 버티기 때문이다. 스틱은 헤드 무게가 없기 때문에 진동하지만 클럽은 헤드 무게가 있기 때문에 볼을 강하게 치고 쭉 뻗어나가게 된다. 그것이 원심력이다.

1　2

파르르!

파르르!

백스윙을 하고 채 끝의 무거운 것을 크게, 멀리 던지는 느낌, 채 끝을 '탕탕' 던지는 느낌으로 채 끝을 던져보자(사진❸). 그리고 그 느낌으로 볼에 채 끝을 던지면 채 끝이 '쭉쭉' 뻗어나가게 된다(사진❹).

다운스윙 전환 때 '가속', 임팩트 직전 '감속', 임팩트 후 '가속'의 느낌이어야 한다. 반드시 중간에 감속의 느낌이 있어야 한다. 감속 순간 클럽이 먼저 지나가게 되는데, 이때 채 끝에 무게가 실려 지나가는 것이다. 그리고 그 순간 손목에는 힘이 빠져야 한다. 마치 권투에서 잽을 날릴 때 툭툭 끊어치는 동작, 이때 손목에 힘은 빠져 있지만 잽을 날리는 순간 주먹 끝에는 무게가 다 실려 있는 것과 마찬가지다.

21

힘 빼는 원리, 이걸 알면 신세계!

동영상 보기

골프를 하면서 가장 많이 듣는 말이 '힘 빼라'일 것이다. 그럼에도 힘이 잘 빠지지 않는다. 힘을 빼려면 먼저 힘을 빼는 원리를 알아야 한다. 수건의 한쪽 끝을 묶고 들어보자. 그러면 중력에 의해 묶은 쪽의 무게 정도만큼 수건이 펴지는데(사진❶), 수건이 펴진 정도, 상태, 팽팽함을 텐션이라고 한다. 이때 수건 끝을 아래로 당겨주면 무게가 늘어나면서 수건이 더 팽팽해진다(사진❷). 즉, 텐션이 강해진다.

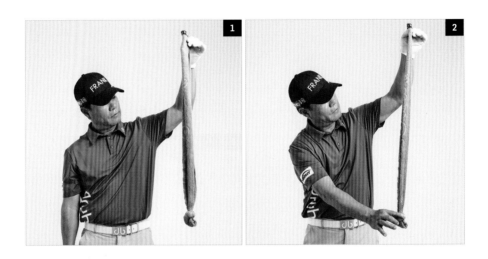

자, 클럽을 잡아보자. 클럽은 수건처럼 늘어나지 않는다. 그렇다면 늘어날 수 있는 부분은 어디일까? 그렇다. 바로 팔이다(사진❸, ❹). 그런데 팔에 힘을 꽉 주고 모든 부분이 단단한 상태로 스윙한다면(사진❺) 도대체 어디가 늘어날 수 있을까?

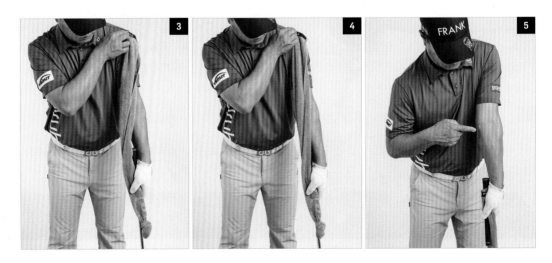

다시 수건으로 돌아가 보자. 힘을 빼고 수건을 들고 있을 때 수건의 상태는 어떠한가? 펴져 있다. 그렇다. 수건이 펴져 있다는 사실을 이해해야 한다. 그리고 수건 끝을 당기면, 즉 채 끝에 무게감을 주면 수건은 더 팽팽하게 펴진다. 수건으로 스윙을 해보자(사진❻). 스윙 과정에서 수건에 어떤 일이 벌어질까? 스윙을 슬로모션으로 보면 수건이 최대한 팽팽하게 펴지는 순간이 있다(사진❼). 수건 끝이 몸의 중심에서 바깥쪽으로 가려는 성질을 원심력이라고 하는데, 스윙 과정에서 원심력이 가장 커지는 순간에 수건의 텐션 또한 최대가 된다.

앞에서 수건이 펴져있다는 사실을 이해해야 한다고 했다. 자, 팔을 보자(사진❽). 팔이 펴진 걸까 아닐까? 팔은 펴져 있다. 수건과 똑같은 상태다. 이번엔 다음 사진을 보자(사진❾). 팔이 펴진 걸까? 아니다. 이건 팔이 '펴진' 것이 아니라 팔을 '뻗은' 것이다. 처음에는 헐렁헐렁한 수건이 원심력이 강해지면 팽팽하게 펴지면서 단단해진다고 했다. 그리고 클럽은 절대 늘어나지 않는다고 했다. 그렇다면 수건의 역할을 팔이 해야 한다. 자, 수건을 팔이라고 생각해 보자(사진❿). 스윙 중에 수건이 팽팽하게 펴지면 수건(팔)을 내가 편 것인가 아니면 원심력에 의해 펴진 것인가? 정답은 너무나 뻔하다. 그런데 이렇게 쉬운 정답에도 불구하고 임팩트 때 팔을 뻗는다는 것이 너무 아이러니하지 않은가?

펴지다!

뻗다!

자, 헐렁한 수건이 원심력에 의해 팽팽하게 펴지듯, 팔에 힘을 빼고 있어야 임팩트 때 원심력에 의해 팔이 팽팽하게 펴진다는 것을 이해해야 한다. 팔에 힘을 빼고 클럽에 매달려 있으면 되는 것이다. 어드레스 때 다른 사람들이 볼 때는 팔에 힘을 주고 있는 것처럼 보이겠지만, 실제로는 헐렁한 수건의 느낌으로 어드레스를 하고 있는 것이다(사진⑪). 그리고 백스윙을 할 때는 아크를 만들 수 있는 최소한의 힘으로만 스윙을 하고, 임팩트 때 팔을 뻗는 것이 아니라 원심력에 의해 채 끝이 팔을 당겨서 팔이 뻗어져야 한다(사진⑫). 다시 한번 강조하지만 팔은 뻗는 것이 아니라 뻗어져야 한다. 이것이 탈골 스윙이다. 그런데 동작이 제대로 되더라도 임팩트 전이나 후에 원심력이 극대화되면서 팔이 펴지면 싱크가 맞지 않는다. 따라서 끊임없는 연습을 통해서 싱크를 맞춰야 한다.

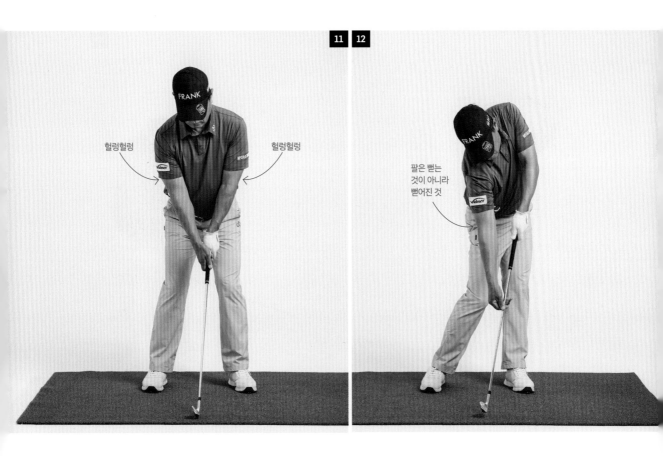

11 12

헐렁헐렁   헐렁헐렁

팔은 뻗는
것이 아니라
뻗어진 것

우리가 흔히 착각하는 골프에서의 고정관념

동영상 보기

슬라이스는 몸과 팔이 같이 돌아서 볼을 깎아치기 때문에 발생한다. 혹시 자신이 생각하는 동작과 실제 동작이 다를 수도 있으므로 열린 마음으로 분리 동작을 체크해 보자.

백스윙 톱에서(사진❶) 다운스윙으로 전환하면서 턱과 어깨가 분리되어야 하는데, 턱과 어깨가 함께 돈다면 왼쪽 어깨에 힘이 너무 많이 들어가 있기 때문이다. 그리고 어깨가 분리되더라도 타이밍이 늦으면 어깨가 치켜 올라가면서 클럽이 빨리 풀려 버린다(사진❷). 얼굴과 어깨가 같이 돈다는 것은 위쪽, 즉 상체 쪽에 힘이 잔뜩 들어가 있다는 뜻이다(사진❸).

백스윙 톱에서 턱과 어깨를 분리시키는 것은 어렵지 않다. 그냥 분리하면 된다. 다운스윙 전환 때 어깨가 분리되면 스윙 스피드가 엄청 빨라진다. 그런데 우리는 왜 이렇게 몸에 힘이 들어가고 어깨 분리가 잘 안 되는 걸까? 우리가 사진이나 슬로 모션으로 프로들의 다운스윙을 보면 힘이 들어간 것처럼 보이기 때문이다. 그 장면들이 우리 머릿속에 각인되어 있다. 그래서 다운스윙 전환 때 몸에 힘이 잔뜩 들어간다. 그렇게 힘이 들어가다 보니 스윙 스피드가 빨라지려야 빨라질 수가 없다.

1 NG

2

어깨에 힘이 많이 들어가면 턱과 어깨가 함께 돈다.

손목도 빨리 풀린다.

예를 들어 투수의 투구 동작을 보더라도 와인드업 자세부터 힘이 잔뜩 들어가면 도대체 어떻게 강하고 빠른 볼을 뿌릴 수 있겠는가. 투수도 몸에 힘이 빠진 상태로 투구 동작을 하면서 볼을 던지는데, 슬로 모션으로 보면 힘이 잔뜩 들어간 것처럼 보일 뿐이다.

골프를 처음 시작할 때 초보들이 주변에서 가장 많이 듣는 말이 '골프는 폼이 중요하다', '골프는 팔로 치는 게 아니다', '골프는 손을 쓰면 안 된다', '골프는 몸으로 쳐야 한다' 등일 것이다. 그것도 고수도 아닌 100돌이, 90돌이인 골프 선배들로부터 말이다. 그러다 보니 처음부터 머릿속에 고정관념이 생기게 된다. 하지만 정말 불필요한 내용들이다. 나는 초보들을 레슨할 때 처음에 휘두르는 것부터 가르친다. 그러면 스스로 스피드를 낼 줄 알게 된다. 그런데 처음부터 머릿속에 고정관념이 자리 잡은 사람들은 마치 로봇처럼 스윙을 한다. 그러니 몸에 힘이 안 빠지는 것이다.

이 정도까지 힘이 빠져도 되나 싶을 정도로 힘이 빠져야 한다. 그럼 클럽 통제가 되기나 할까 의심도 들 것이다. 클럽 통제는 그립은 견고하게 잡되 손목에 힘을 다 빼고 하는 것이다. 물론 말은 쉽지만 어렵다. 그래서 애쓰기가 필요한 것이다.

자, 몸에 힘을 다 빼고 헐렁헐렁하게 스윙해 보자. 머릿속으로는 이렇게 스윙해도 되나 싶겠지만 사진이나 슬로 모션으로 본다면 놀랄 만큼 동작이 제대로 나오는 것을 알 수 있다.

NG

상체에 힘이 잔뜩!

아이언을 잡았다면
꼭 알아야 할 펀치 샷

동영상 보기

필드에서 앞바람이 강하거나 아이언 샷이 유난히 두껍거나 얇게 맞으면서 정타가 안 나와 아이언에 대한 자신감이 떨어지는 날에는 펀치 샷을 구사해 보자. 펀치 샷을 할 때 주의할 점은 볼의 위치를 평상시보다 약간 오른발 쪽에 두고 체중을 왼발에 싣는다(사진❶). 그러면 볼이 좀 더 가파르게 맞는다. 평소에 걷어 올려 치는 습관이 있는 사람도 어드레스 때 핸드 퍼스트 자세가 만들어지기 때문에 볼을 다운 블로우로 칠 수 있게 된다(사진❷). 펀치 샷을 하면 볼 뒤의 잔디를 전혀 건드리지 않고 볼을 깔끔하게 칠 수 있기 때문에 탄도는 낮으면서 비거리는 거의 비슷하게 나간다.

볼은 오른발 쪽에

체중은 왼발에

펀치 샷을 할 때도 올바른 가슴 회전에 주의해야 한다. 볼을 때리고 나서 가슴 회전이 막히면 안 된다(사진❸). 가슴은 계속 회전해야 한다. 먼저 볼을 치고 가슴이 계속 회전하면서 손이 가슴 앞에 오는 자세까지 연습해 보자(사진❹). 이 자세에 어느 정도 익숙해지면 폴로 스루 회전 반경을 더 넓혀 준다. 이때 손은 거의 쓰지 말고 가슴만 돌아 준다. 그리고 폴로 스루 때 일반적인 로테이션이 동작이 아니라 (사진❺) 왼팔은 마치 치킨윙 동작과 비슷하다(사진❻).

펀치 샷은 탄도가 낮게 날아가야 하는데, 볼이 많이 뜬다면 다음의 사항을 체크해 보자. 어드레스 자세에서 클럽을 잡았을 때 손과 팔은 힘이 다 빠져서 헐렁헐렁해야 한다. 그런데 팔을 의식적으로 펴고 백스윙을 하면 다운스윙 때도 팔과 손목이 다 펴진 채 내려오게 되면서 오히려 임팩트 때 팔이 접히고 볼도 걷어 맞게 된다.

프로들의 스윙 영상을 보면 팔을 아주 견고하게 편 상태로 백스윙과 다운스윙을 하다 보니 의식적으로 팔을 펴야 한다고 생각한다. 그러나 프로들은 실제로 팔의 움직임을 아주 가볍게 하는데 우리 눈에는 팔을 '쭉' 편 것처럼 보일 뿐이다. 헐렁헐렁하게 스윙해야 클럽헤드가 내 팔을 잡아당기면서 팔이 '쭉' 늘어날 수 있다. 그런데 우리는 그 모습을 보고 팔을 더 펴려고 하는 것이다. 그러므로 팔이 굽어질 정도로 힘을 빼고 헐렁헐렁하게 스윙하라. 그렇게 하면 스윙 자세가 이상해질 것 같은 불안감이 들 수도 있지만 절대 그렇지 않다. 헐렁헐렁해야 클럽헤드 무게로 팔이 펴진다. 그러면 우리가 알고 있는 팔이 '쭉' 펴지는 자세가 나온다.

팔은 펴는 것이 아니라 펴지는 것이다. 자신이 가지고 있는 고정관념을 버려야 한다. 그래야 실행할 수 있다.

· Talgol Swing ·

**나병관 프로의
골프 멘탈 챙기기**

#04

골프는 정확한 타깃을 목표로 하고 공을 치는 스포츠다. 그런데 스윙 자세, 전 홀에 잃은 타수 등 다른 것에 신경 쓴다면 공은 엉뚱한 방향으로 향하고 만다. 인생도 마찬가지다. 골프도 인생도 정확한 목표를 정하고 그 길을 향해 나가는 게임이라는 점에서 매우 비슷하다. 그런데 정확한 타깃을 정하지 않고, 집중하지 않으니 공도 인생도 이리저리 예상도 못하는 곳으로 간다. 다른 것은 신경 쓰지 말고 나의 타깃에만 집중하자.

동영상 보기

힘을 쓰려면 힘을 빼라

비거리가 안 나는 이유는 헤드 끝 쪽으로 무게를 던져 주질 못해서 스피드가 나지 않기 때문이다. 채를 '팍팍' 뿌려 줘야 하는데 그 동작이 안 되는 것이다. 우리는 손으로 채를 잡고 있다고 생각하지만 실은 채가 손에 매달려 있다고 생각해야 한다. 그래서 팔로 채를 뿌릴 때도 클럽헤드가 강한 원심력으로 내 몸을 당기고 있고 내 몸은 구심력으로 버티고 있다는 것을 이해해야 한다.

골프 스윙은 지렛대의 원리와 마찬가지다. 지렛대는 받침점이 있기 때문에 적은 힘으로도 무거운 물체를 들어 올릴 수 있다. 골프에서 우리의 손이 바로 지렛대의 받침점과 같은 역할을 한다. 그래서 클럽을 쥐고 뻣뻣하게 스윙하면 큰 힘을 만들 수 없고(사진①) 손과 팔에 힘을 빼고 낭창낭창하게 채를 뿌려줘야 채 끝이 무거워지고 파워를 낼 수 있다(사진②).

그런데 지렛대의 원리를 이해하고 채를 낭창낭창하게 뿌리려면 기본적으로 몸에 힘이 빠져야 한다. 어드레스 때, 백스윙 때, 다운스윙 때 손목, 팔, 어깨에 힘이 하나도 없어야 한다. 힘이 잔뜩 들어가 있으면 스피드를 내려야 낼 수가 없다.

사람들은 골프 스윙 동작 중에 어디에서 힘을 써야 하는지 매우 궁금해한다. 정답은 바로 임팩트 때다. 임팩트 순간에 힘을 써야 한다. 그런데 아이러니하게도 임팩트 순간 힘이 빠져야 힘이 써진다. 가령 투수가 볼을 던질 때도 몸에 힘이 빠져 있어야 하고, 볼을 손에서 놓는 마지막 릴리스 순간에 손목에 힘이 없이 헐렁헐렁한 상태로 빠르게 뿌려야 강속구를 던질 수 있다. 즉, 손목이 헐렁헐렁해야 스피드가 빨라진다. 골프도 마찬가지다. 손목에 힘이 없이 헐렁헐렁해야 한다. 단, 그립은 클럽이 손에서 빠지지 않을 정도로만 견고하게 잡는다. 이렇게 힘이 빠져 있어야 임팩트 순간 클럽이 엄청난 스피드로 지나갈 수 있고 채 끝이 '쫙' 던져지는 원심력이 극대화된다.

처음에는 누구나 볼을 강하게 치려면 힘을 많이 써야 하는 줄 안다. 하지만 골프를 알면 알수록 사실은 다르다는 것을 깨닫게 된다. 물리학에서 힘은 질량과 속도를 곱한 값이다. 따라서 힘이 강해지려면 질량이 무겁거나, 속도가 빠르거나, 둘 다 크면 힘은 강해진다. 이것을 골프에 적용해 보면 클럽헤드의 무게가 무거워지고, 스윙 스피드가 빨라지면 볼이 강력하게 날아가는 것이다. 이렇게 하려면 힘을 빼고 채 끝을 던져 줘야 한다. '세게 친다', '힘을 쓴다'라는 것은 오히려 어깨, 손목에 힘이 없어야 스윙 스피드가 엄청나게 빨라지고, 채 끝에 원심력이 생긴다. 그렇게 볼을 때리는 순간 내 팔이 채 끝 원심력에 의해 '쭉' 뻗어지고, 내 몸은 버티고 있는 것이다. 그런데 겉에서 볼 때는 팔에 엄청나게 힘을 주면서 뻗은 것처럼 보이기 때문에 힘을 주고 있다는 착각을 하게 된다.

자, 한 사람이 클럽헤드를 잡아당겨 보자(사진❸). 사진에서 나의 어깨와 양팔을 보면 힘을 굉장히 많이 주는 것처럼 보일 것이다. 하지만 나는 아무 힘도 주지 않고 클럽헤드가 잡아당기는 힘(원심력)을

내 몸은
원심력을
버틴다.

클럽헤드가
나를 당긴다.

몸으로 버티고(구심력) 있을 뿐이다. 채 끝이 나를 당긴 것이지 내가 팔을 뻗은 것이 아니다. 이게 임팩트다. 골프 스윙 동작 중에 어디에서 힘을 쓰느냐? 임팩트 때 힘을 써야 한다. 그런데 힘을 쓰려면 힘이 빠져야 한다. 힘을 쓰려면 채 끝의 무게를 풀어야 한다. 힘을 빼고 치면 슬로모션으로 봤을 때 팔이 '쫙' 뻗어져 있다. 자, 다시 한번 강조하지만 팔은 '뻗은' 것이 아니라 '뻗어진' 것이다.

어드레스 자세에서도 어깨, 손목에 힘이 없어야 한다(사진❹). 다운스윙 때에도 어깨에 힘을 빼고 손목을 헐렁헐렁하게 풀면서 채 끝을 바닥에 '쫙' 뿌려 준다(사진❺). 이때 채 끝이 '팍' 늘어나는 느낌이 들도록 뿌려 준다. 파리채를 채듯이 뿌려 준다. 이것이 릴리스다. 그리고 클럽이 빨리 지나가도록 몸을 열어 준다(사진❻).

25

내가 채를 뻗는 게 아니라 채가 나를 당기는 것이다

동영상 보기

임팩트 때 손의 위치가 왼쪽 허벅지 쪽이 아니라 가운데 쪽에 있다면 손목이 빨리 풀렸기 때문이다(사진❶). 우리가 잘못 이해하고 있는 부분 중에, 백스윙 톱에서(사진❷) 다운스윙 때 몸으로 친다고 해서 몸이 와야 클럽도 오는 줄 알고 몸과 클럽이 같이 돈다는 것이다(사진❸). 이렇게 돌면 엎어 치는 아웃인 궤도가 되면서 슬라이스가 난다(사진❹). 이게 아니라 다운스윙 전환 때 '상하체 분리'가 되어야 한다. 백스윙 톱에서 턱과 어깨가 분리되면서 팔이 밑으로 '툭' 떨어져야 하고(사진❺, ❻), 여기에 하체까지 쓰면서 함께 회전해야 한다(사진❼, ❽).

다운스윙 시 팔이 떨어질 때 힘이 다 빠져 있으면 어깨가 들리지 않고(사진❾), 그렇게 힘이 빠진 상태로 내려오다가 손목이 풀리면서 볼을 '탁' 때리면 클럽헤드가 묵직해지면서 팔을 빠르게 잡아당기고(사진❿), 회전이 풀리면서 양팔이 늘어나게 되고, 클럽헤드가 더 뻗어나갈 공간이 만들어진다(사진⓫). 그런데 다운스윙 전환 때 몸이 같이 돌기 시작하면 손목이 미리 풀리면서 볼이 일찍 맞고(사진⓬), 양팔이 뻗어지지 못하기 때문에 폴로 스루 동작 공간도 좁아진다(사진⓭).

공간 넓음

공간 좁음

자, 분리 동작을 연습해 보자. 백스윙 때 몸에 힘을 빼는데 왼팔이 구부러질 정도로 힘을 뺀다(사진 ⑭). 느낌에는 팔이 구부러지면서 백스윙이 되는 것 같지만 사진을 찍어 보면 실제로는 펴져 있으니 걱정하지 않아도 된다. 그다음 팔을 '툭' 떨어뜨리면서 분리 동작을 한다. 이때 느낌은 어깨, 팔 모두 헐렁헐렁해서 턱 아래쪽으로는 힘이 없는 느낌이지만 채에 잘 매달려 있다(사진 ⑮). 분리 동작에서 주의할 점은 클럽헤드가 손보다 아래쪽으로 내려오면 안 된다(사진 ⑯). 이렇게 되면 볼을 칠 때 걷어 올리게 된다. 클럽헤드는 손보다 위쪽에 있거나 최소한 같은 높이에 있어야 한다. 그래야 볼을 내려칠 수 있다. 볼을 친 다음에는 채 끝의 무게로 팔이 '쭉' 늘어나게 뿌려준다(사진 ⑰). 채를 뿌릴 때는 채를 절대 통제하려 하지 말고 어깨 힘은 계속 빠진 채로 클럽헤드가 날아가는 대로 내버려 두고 손은 클럽에 매달려 있으면 된다. 그래야 클럽헤드가 팔을 계속 당기는 느낌이 든다. 연습할 때는 '백스윙 톱(사진 ⑭)-분리(사진 ⑮)-백스윙 톱(사진 ⑭)-분리(사진 ⑮)' 이렇게 2번 반복하고 세 번째에 볼을 치는(사진 ⑰) 식으로 반복해 보자.

26

동영상 보기

움켜잡는다는 것이 무슨 의미일까?

클럽헤드로 바닥을 찍을 때 어떤 느낌으로 해야 하는지 헷갈리는 골퍼들이 많을 것이다. 클럽헤드로 바닥을 강하게 찍는 것인지, 아니면 중력에 의해 클럽헤드가 떨어지게 하는 느낌인지 말이다. 어쩌면 골프 실력이 좋은 골퍼들도 이에 대해 적절한 대답을 내놓기가 어려울 것이다. 힘을 준다는 건지, 뺀다는 건지, 내버려 둔다는 것이 무슨 뜻인지 이해하기에는 매우 어려운 측면이 있다.

가령 스윙 궤도가 너무 가파르다, 너무 플랫하다, 스윙 스피드가 너무 빠르다, 너무 느리다 등 많다, 적다, 빠르다, 느리다 등의 표현은 어느 정도 익숙해서 이해하기에 무리가 없다. 하지만 말로 설명하기에 상당히 애매한 부분은 사실 수많은 연습을 통해 느끼는 것이 가장 좋은 방법이다. 그럼에도 임팩트를 어떤 느낌으로 해야 하는지를 설명해 보도록 하겠다.

주먹으로 상대의 손바닥에 잽을 날린다고 해보자. 치기 전에는 주먹을 꽉 쥐지 않고 약간 헐렁하게 힘을 빼고 있다가(사진❶) 손바닥을 치는 순간 주먹을 움켜쥐지 않을까(사진❷)? 주먹이 헐렁한 상태로 친다면 힘 없이 맞을 테고, 치기 전부터 주먹에 미리 힘을 꽉 주고 있다면 스피드가 죽을 것이다. 아마도 임팩트가 이와 상당히 흡사한 느낌이라고 말하고 싶다. 그립을 쥐고 있을 때는 그립이 빠지지 않을 정도의 힘으로만 느슨하게 잡고 있다가 임팩트 순간 움켜잡는 느낌이라고 표현하고 싶다. 어쩌면 자신이 의도적으로 움켜잡는다기보다는 본능적으로 움켜잡히는 것이 맞을 것이다. 그렇게 되면 임팩트 후 양팔도 곧게 펴진다.

그런데 사람들은 곧게 펴진 팔을 보고 팔을 인위적으로 펴기 위해 힘을 주는 실수를 많이 한다. 그러면 다운스윙 시작부터 팔에 힘이 잔뜩 들어가고(사진❸) 결과적으로 볼이 '찰싹' 맞는 느낌이 아니라 문지르듯이 맞게 된다. 그나마 타이밍이 맞으면 볼이 잘 맞을 수도 있으나, 이것이 절대 좋은 임팩트라고 착각해서는 안 된다. 몸에 힘을 빼고 클럽은 관성과 원심력에 의해 '툭' 떨어지게 두고(사진❹), 임팩트 순간 그립을 움켜잡는 느낌이어야 한다(사진❺, ❻).

만약 그립에 젖은 수건이 감겨 있다면 그 수건을 순간적으로 짜는 느낌이라 할 수 있겠다(사진❼, ❽). 이 움켜잡는 느낌을 힘을 준다고 표현해도 맞겠지만 그렇다고 힘을 대놓고 주는 것도 아니다. 따라서 그립이 움켜잡히면서 힘이 써지는 적절한 타이밍은 연습을 통해 스스로 터득해야 한다. 그렇게 되면 임팩트 후 팔을 일부러 펴지 않아도 양팔은 곧게 펴진다. 보기에는 본인이 곧게 편 것처럼 보이지만 절대 아니다. 임팩트 후에는 팔에 헐렁한 느낌이 다시 들 정도로 그립은 느슨하게 잡아야 한다.

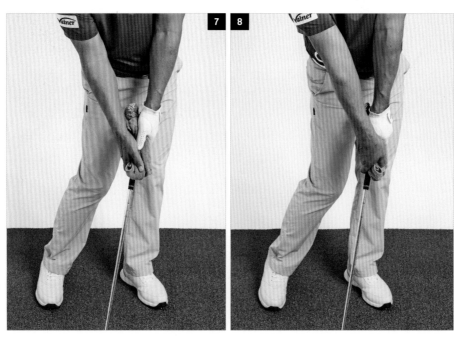

#05

실수도 기회라고 생각하라. 실수하지 않으면 성장하지 못한다. 실수를 자신이 성장하는 데 밑거름이 된다고 생각하면 설령 결과가 좋지 않아도 실망하지 않는다. 오히려 실수를 피하려는 마음이 강하면 두려움이 생기고, 두려움이 커지면 새로운 도전이 망설여진다. 실수는 피해야 할 장애물이 아니다. 실수를 오히려 성공으로 가는 과정에 반드시 필요한 자양분이라고 받아들인다면 경기력은 몰라보게 달라질 수 있다.

동영상 보기

고질적인 슬라이스 해결

아마추어 골퍼들이 가장 고생하는 슬라이스 해결책을 알아보자. 보통 슬라이스가 많이 나는 경우는 어드레스 때부터 팔과 상체에 힘이 많이 들어가 있고, 손의 위치도 앞으로 많이 나와 있다(사진❶). 그 상태에서 스윙을 하면 왼쪽 어깨 리드가 너무 빠르고 손은 늦으면서 클럽도 늦게 따라와 슬라이스가 많이 난다(사진❷). 바디 스윙을 한다고 해서 손을 쓰지 말라는 것이 아니다. 손은 반드시 쓰되 손을 쓰면서 몸을 사용하면 비거리를 더 낼 수 있다. 초보 때는 자세를 잘 잡아야 한다는 말을 많이 듣다 보니 손을 사용하지 않고 몸을 써서 자세를 잡아야 한다고 착각을 많이 한다. 그러면 막상 클럽이 빨리 다녀야 하는 구간에서 몸만 빠르고 클럽은 늦게 다니기 때문에 무조건 슬라이스가 난다. 몸만 잘 쓰면 볼이 잘 나갈 줄 알았지만 아니다. 볼을 칠 때 팔과 손의 역할을 잘 느껴야 한다.

우선 어드레스 자세부터 바꾸고 힘도 빼는 연습을 해야 하는데, 처음에는 굉장히 어색할 것이다. 이렇게 해서 과연 볼이 맞을까 싶을 정도로 어색할 텐데, 이것을 한 번 경험해 봐야 한다. 드라이버를 거꾸로 잡아보자. 스틱이 있으면 스틱을 사용해도 좋다. 먼저 어드레스 때 어깨가 올라가 있다면 몸이 경직되어 있는 것이다. 어깨에 힘을 빼고 편안하게 헐렁헐렁한 느낌을 가져보자. 그리고 스탠스는 너무

넓지 않게 편하게 선다. 그 상태에서 빈 스윙을 해보자. 백스윙은 우향우 느낌으로 하고(사진③) 다운스윙을 하고 팔만 접어준다(사진④).

빈 스윙을 할 때 스윙 자세는 생각하지 말고 그냥 클럽을 휘두르는 데 초점을 두자. 이 연습의 목적은 클럽이 다니는 감을 익히는 것이다. 빈 스윙을 하다 보면 몸이 회전하는 것보다 팔이 더 잘 다니는 이상한 느낌이 들텐데, 이 연습의 목표가 손과 팔의 감각을 키우기 위함이다. 이렇게 스윙을 연습하고 동작이 어느 정도 익숙해지면 피니시까지 해보자(사진⑤). 이 연습을 하면서 스윙 후 팔이 알아서 접힌다는 것을 잊어서는 안 된다. 몸이 아니라 팔을 쓰는 것이다.

그다음 단계로는 클럽을 똑바로 잡고 똑같이 스윙하는 것이다. 이때 드라이버라고 해서 핸드 퍼스트로 어드레스하지 않아도 된다. 양손은 중앙에 놓고 어드레스를 한 뒤 앞에서 연습한 것처럼 똑같이 스윙해 보자. 이때 클럽을 똑바로 잡았다고 해서 잘 치려고 스윙 동작을 만들면서 하지 말고 드라이버를 거꾸로 잡고 연습한 것처럼 자연스럽게 스윙한다. 스탠스가 넓으면 몸에 힘이 들어갈 수 있는데, 이 연습의 목적은 팔에 힘을 빼는 느낌을 익히는 것이므로 스탠스는 편안하게 서는 것이 좋다. 그리고 스윙할 때 어깨에 힘이 들어가면 안 된다. 어깨에 힘이 들어가면 팔이 자연스럽게 접히는 동작이 힘들어진다. 어깨를 '축' 늘어뜨리고 양팔은 내 몸에 매달려 있다는 느낌으로 스윙하는 것이 딱 좋다.

다시 한번 강조하지만 스윙의 순서 따위는 잊어버리고 자연스럽게 스윙한다. 우리 머릿속에 고정관념으로 박혀있는 스윙의 순서란, 스윙을 느린 화면으로 분석한 자료들에 의해 익힌 것이다. 실제로 스윙할 때 그런 것을 신경 쓸 필요는 없다. 순서를 생각하면 몸이 경직된다. 우리가 숟가락질을 할 때 어떤 순서를 따라 하지 않고 자연스럽게 하는 것과 마찬가지다. 백스윙 때는 어깨가 우향우하는 느낌으로 팔이 자연스럽게 가고(사진❻), 다운스윙 때는 몸은 그대로 있고 팔만 나가는 느낌이고 팔을 접어준다(사진❼). 팔이 몸 앞으로 '획획' 빨리 지나가는 느낌을 느껴보자.

자, 동작에 어느 정도 익숙해졌으면 이젠 볼을 실제로 쳐보자. 볼의 위치와 손의 위치를 거의 같은 선상에 놓고, 몸에 힘을 빼고 아주 고요한 느낌으로 어드레스를 하자. 볼을 칠 때 클럽의 속도는 빨라져도 상체는 가벼운 느낌이어야 한다. 그동안의 습관으로 인해 볼이 처음부터 잘 맞진 않겠지만 괜찮다. 이렇게 볼을 계속 치고 팔의 스피드를 조금씩 높혀가면서 쳐보자. 아마추어들은 이렇게 스윙하면 힘을 주지 않기 때문에 스윙 스피드도 느리고 비거리도 많이 안 나갈 것 같은 느낌이 굉장히 많이 들 텐데 걱정할 것 없다. 실제로 영상을 찍고 측정해 보면 이렇게 스윙하는 것이 스윙 스피드도 훨씬 빠르고 거리도 더 많이 나간다. 우리는 이렇게 연습하면서 점차 체중이동까지 해주면 스윙은 더 좋아진다.

그동안 우리는 팔을 풀어주고 로테이션되고 릴리스되는 동작을 모른 채 몸이 도는 스윙을 해온 것인데, 이 연습을 통해 로테이션과 릴리스의 느낌을 익히는 것이다. 로테이션의 느낌을 더 잘 느끼고 싶다면 양손의 간격을 벌려서 베이스볼 그립으로 잡고 스윙해 보자(사진 ❽). 클럽이 훨씬 더 '휙휙' 돌아가면서 로테이션의 느낌을 더 잘 느낄 수 있다.

연습장에서 연습할 때 잘 안 맞아도, 주변 사람들 시선이 의식되어도 창피해하지 말고 하는 것이 중요하다. 누구나 처음엔 다 실수를 한다. 그 실수를 통해 배워가는 자세가 중요한 것이다. 순간적인 부끄러움을 모면하기 위해 기존의 스윙으로 볼을 보내는 오류를 범하지 말자. 처음에는 잘 안 맞는다는 것을 인정하고 하자. 괜찮다.

동영상 보기

똑바로 치려거든 눈에 보이지 않는 숨겨진 과정을 이해하라

볼을 똑바로 치려면 클럽 페이스가 볼에 스퀘어로 와서 볼을 스퀘어로 쳐야 볼이 똑바로 간다고 생각하는 골퍼들이 많다. 물론 틀린 말은 아니다. 그러나 로테이션과 릴리스의 개념을 이해하면 생각이 달라질 것이다. 백스윙 때 클럽 페이스가 열렸다가 다운스윙 때 닫히면서 내려와 임팩트 순간에 스퀘어로 맞는 과정을 이해해야 하는데, 이것을 모르면 클럽 페이스가 스퀘어로 다녀야 한다고 생각한다. 그러면 비거리 손실이 발생하게 된다.

로테이션과 릴리스에 대한 개념 없이 클럽 페이스 면만 생각하는 사람은 클럽 페이스가 열렸다가 닫히면 볼의 방향이 틀어지는 줄 안다. 여기서 중요한 사실! 골프는 어차피 볼이 똑바로 안 간다. 방향은 틀어진다는 사실을 인정하고 받아들이면 방향에 대한 부담감에서 해방될 수 있다. 그래서 클럽이 길어질수록 방향보다는 거리에 집중한다. 그린 중앙을 중심으로 좌우 10미터 안에만 떨어져도 온이고, 설령 온이 되지 않더라도 그린 주변에 떨어질 확률이 높아 어프로치로 커버할 수 있다. 따라서 방향에

대해 너무 부담감을 갖지 말자. 방향에 너무 집착한 나머지 거리가 맞지 않는다면 아무 소용이 없다. 다시 한번 강조하지만 어차피 볼은 똑바로 안 간다.

비거리를 내려면 클럽 페이스가 열렸다가 닫히는 동작이 반드시 있어야 한다. 몸 회전과 손목 회전, 즉 로테이션이 있어야 한다(사진❶, ❷). 특히 팔뚝 회전을 이해해야 한다. 팔뚝 회전을 모르면 클럽 페이스 면만 생각하고 스윙하게 되는데, 그 결과 몸이 막히면서 왼쪽 어깨가 올라가고 손목이 꺾이면서 몸도 빨리 회전하게 된다(사진❸). 팔뚝 회전의 느낌은 야구 스윙을 해보면 쉽게 알 수 있다. 야구 스윙을 하면 손목이 돌아갈 수밖에 없다(사진❹, ❺).

이 동작으로도 이해가 안 된다면 그립을 야구 방망이 잡듯이 잡고 스윙해 보자(사진❻, ❼, ❽). 이 연습을 자주 하면 팔뚝 회전의 느낌을 찾게 된다.

백스윙 때 클럽 페이스를 연다고 해서 손으로 클럽 페이스를 여는 것이 아니다(사진**9**). 자, 똑바로 서서 클럽을 몸 앞으로 들어 올리고 그대로 회전하면 정면을 기준으로 클럽 페이스가 열린 것을 알 수 있다(사진**10**, **11**). 이 과정에서 손은 회전하지 않고 그대로 둔다. 그리고 백스윙때 회전을 너무 덜 해도, 과하게 해도 안 된다. 적당한 회전량은 스스로 느껴야 한다.

임팩트 때에는 손목이 펴지는 순간이 있는데, 그 자세가 잠깐 유지되어야 한다(사진⑫). 이때 몸통(배꼽)이 클럽과 같은 방향을 봐야 코어 힘까지 전달할 수 있어 강력한 샷을 구사할 수 있다(사진⑬). 만약 몸 회전이 안 되고 팔만 로테이션되면 볼이 왼쪽으로 감기는 샷이 나온다(사진⑭).

스윙 리듬을 만드는 작은 습관

동영상 보기

백스윙을 잘하기 위한 동작에 트리거라는 것이 있다. 트리거란 방아쇠라는 뜻으로, 어떤 특정 동작을 시작하기 위한 계기를 부여하는 움직임을 말한다. 어드레스는 움직임이 없는 정적인 자세이기 때문에 동적인 백스윙을 시작하는 데 리듬이나 타이밍에 어려움을 겪는 골퍼들이 많다. 따라서 동작을 자연스럽게 시작하는 데 트리거가 많은 도움이 된다.

트리거의 종류에는 여러 가지가 있는데, 프로들이 가장 선호하는 트리거로는 포워드 프레싱이 있다. 포워드 프레싱이란 어드레스 자세에서 양손을 타깃 방향으로 미세하게 밀었다가 백스윙을 시작하는 것이다(사진❶, ❷). 그리고 이때 몸도 살짝 타깃 방향으로 체중이동이 되는 듯한 느낌을 가지면 더욱 효과적이다. 이때 발바닥으로 리듬을 타면 백스윙의 순서가 잘 맞춰진다. 그러면 동작들의 싱크가 잘 맞아 들어가면서 클럽이 제대로 뿌려지는 스윙이 나온다. 트리거는 그 움직임의 크기가 매우 미세하기 때문에 다른 사람들 눈에는 잘 보이지 않는다.

1 2

30

임팩트 이후의 손동작

동영상 보기

임팩트 후에 손동작은 어떻게 돌아갈까? 프로와 아마추어의 손동작에는 어떤 차이점이 있을까? 먼저 프로 또는 아마추어 고수들의 왼손 동작을 보자(사진 ❶ ~ ❽).

이번에는 일반 아마추어들의 손동작을 보자
(사진 ❾, ❿, ⓫).

차이점이 느껴지는가? 일반 아마추어들은 클럽헤드 무게와는 관계없이 임팩트 전에 몸 앞에서 손목이 미리 회전하고 임팩트 후 손목이 몸 안쪽으로 돌아간다(사진⑫). 반면에 프로들의 손동작은 클럽헤드 무게대로 그대로 떨어지다가 임팩트 후 손끝이 순간적으로 '탕'하고 털리면서 손목이 회전한다(사진⑬). 우리는 이 로테이션 동작을 잘 이해해야 한다.

NG ⑫ OK ⑬

그런데 여기서 오해하지 말고 정확히 이해해야 할 부분이 있다. 보통 20~30미터 이내의 웨지 샷은 손목 로테이션을 하지 않는다. 그리고 40~60미터 정도의 샷을 할 때는 손목 로테이션이 조금 된다. 그리고 풀스윙으로 가면 손목 로테이션이 완전히 된다. 즉, 모든 스윙에서 손목 로테이션이 되는 것은 아니다. 짧은 거리의 어프로치는 손목 로테이션을 하지 않고, 스윙이 점점 커질수록 손목 로테이션이 되어야 한다는 점을 헷갈려서는 안 된다.

아마추어 골퍼들, 특히 구력이 얼마 안 되는 골퍼들에게 볼을 똑바로 맞히고 똑바로 보내기 위해 폴로 스루 때 손목 회전 없이 클럽 페이스를 똑바로 미는 동작이 많이 나온다(사진⓮). 이것은 잘못된 동작이다. 가령 150미터를 쳐야 하는데 스윙을 20~30미터짜리 어프로치처럼 하는 것이나 마찬가지다. 그러면 당연히 비거리는 제대로 나올 수 없다.

보통 아마추어 골퍼들은 손목 로테이션을 할 때 볼을 스퀘어로 맞추기 위해 손목을 일찍 회전시키는 경우가 많다(사진⑮). 그러나 올바른 타이밍은 볼이 맞고 난 직후에 손목이 회전해야 한다(사진⑯). 느낌상 클럽이 지나가고 나중에 손목이 회전하는 느낌이다. 이 동작이 된다는 것은 이미 클럽이 내려오는 과정에서 볼이 맞는 순간 클럽 페이스는 스퀘어가 되었기 때문에 가능한 것이다. 따라서 볼이 스퀘어로 맞지 않을 걱정은 하지 않아도 된다. 그래서 프로들은 손목 로테이션 연습을 할 때 손목을 몸 앞에서 회전시키지 않고(사진⑰, ⑱) 몸을 지난 후 '탁' 회전시킨다(사진⑲, ⑳).

손목 로테이션이 올바르게 되면 스윙이 훨씬 쉬워지기 때문에 몸통 동작을 과하게 하지 않아도 되고, 피니시 때 몸의 밸런스도 잘 잡힌다.

Talgol Swing

나병관 프로의
골프 멘탈 챙기기

#06

작은 욕심이 큰 화를 부른다. 골프처럼 소탐대실의 의미를 항상 느끼게 하는 스포츠도 없다. 드라이버로 티샷을 할 때 비거리를 조금이라도 멀리 보내려다가 그 홀 전체를 망치는 경우는 허다하다. 미국의 전 골프선수 바비 존스는 "최후의 순간에 몇 미터를 더 보내려는 욕심이 티에서 실수를 하게 되는 주된 원인이다."라고 말했다. 욕심은 몸을 긴장하게 만들고 근육을 경직시킨다. 즉, 욕심을 버려야 스윙이 자연스럽고 편안해진다.

31

동영상 보기

릴리스의 잘못된 이해에서
비롯되는 것

다운스윙 궤도가 아웃인으로 들어오면 볼이 깎여 맞아 슬라이스가 나거나 왼쪽으로 가게 된다. 또한 다운스윙 궤도가 가파르게 들어오면 일명 뽕샷이 나기도 한다. 그러면 아웃인과 가파른 궤도를 교정하기 위해 과도하게 인아웃 궤도로 연습하는 것이 좋은 방법일까? 물론 틀린 것은 아니지만 지나친 인아웃 궤도로 스윙하면 임팩트 타이밍을 맞추기 위해 몸에서 또 다른 동작 변화가 일어나게 되고 스윙이 점점 더 어려워질 수 있다. 골프에 정답이란 없지만 과도한 동작은 피하는 것이 좋다. 왜냐하면 한 가지를 교정하기 위한 과도한 동작이 많은 보상 동작들을 불러올 수 있기 때문이다.

결국 골프란 자신이 느끼면서 치는 것이 중요하다. 그럼 이러한 경우에 우리는 어떤 느낌을 느껴야 할까? 우리는 가끔씩 프로들이 드라이버를 치고 나서 한 손을 놓는 장면을 보곤 한다. 프로들이 스윙 후에 손을 놓는 이유가 무엇일까? 바로 느낌, 감 때문이다. 볼이 맞는 그 짧은 순간에 릴리스 타이밍이 빨라서 볼이 왼쪽으로 감길 것 같은 순간적인 감 때문에 한 손을 놓는 것이다. 우리도 바로 이 감을 느낄 줄 알아야 한다. 즉, 임팩트 순간 볼이 어느 방향으로 나갈지를 느껴야 한다. 그 감이 있으면 볼을 똑바로 출발시킬 수 있다. 볼 앞쪽에 얼라인먼트 스틱을 하나 놓고 그 위로 출발하도록 쳐보자(사진❶). 그런데 이 감이 없으면 어떨 때는 왼쪽으로, 오른쪽으로, 가운데로, 볼의 방향이 들쭉날쭉 될 수밖에 없다.

임팩트 후 볼을 똑바로 보내기 위해서는 로테이션 동작이 매우 중요하다. 손목이 회전하는 로테이션이 제대로 되어야 하는데(사진❷), 손목 회전이 되지 않으면(사진❸) 치킨윙 동작도 나오고, 스쿠핑 동작도 나온다. 야구방망이를 마음껏 휘두르며 스윙 연습을 하면 로테이션 동작이 자연스럽게 나오는데, 이 연습은 실제로 골프 스윙에 많은 도움이 된다. 그런데 많은 골퍼들이 볼을 똑바로 보내려고 클럽 페이스로 볼을 똑바로 맞히려는 의도가 강하다 보니 자연스러운 스윙은 사라지고 팔이 회전하지 않아 로테이션이 되지 않는다.

로테이션은 동작만 연습한다고 되는 것이 아니다. 볼이 맞는 순간 볼의 방향성에 대해 집중하면서 동작을 연습해야 효과적이다. 맞는 순간 볼이 어느 방향으로 나가는지를 느껴야 한다. 먼저 클럽과 몸 사이에 적절한 공간이 있어야 한다(사진❹). 공간이 좁으면 다운스윙 때 몸이 일어난다(사진❺). 그리고 풀스윙을 하지 말고 로테이션 동작에서 멈춘다(사진❻) 볼을 칠 때 앞쪽에 놓인 스틱 위로 볼이 날아가도록 집중하고 그 감을 찾도록 한다. 그리고 스윙은 천천히 한다. 스윙 교정은 항상 슬로모션처럼 천천히 해야 한다.

OK · 4

적절한 공간

NG · 5

클럽과 몸 사이의 공간이 좁다.

6

동작을 멈춘다.

로테이션, 릴리스는 동작만 알고 한다고 해서 잘 되는 것이 아니다. 볼을 때릴 때 로테이션의 감각, 즉 타이밍을 찾는 연습을 해야 한다. 그러기 위해서는 스윙의 타이밍이 빨라도, 느려도 좋지 않다. 스윙의 순서를 차근차근 진행하면서 스윙해 보자. 즉, 백스윙을 하고 어깨와 턱이 분리되면서 왼쪽에 체중이 실리고 지면 반력으로 임팩트가 이루어지는 순서로 한다. 그리고 로테이션을 하고 멈춘 후 다시 반대로 풀어주는 연습을 해보자(사진❼, ❽). 스윙을 반대로 풀어주려면 임팩트 순간 어깨에 힘이 완전히 빠지고 헤드 무게를 잘 떨어뜨려야 가능하다.

동영상 보기

스윙에서 머리 움직임의 차이

아마추어 골퍼들에서 흔히 볼 수 있는 잘못된 백스윙이 바로 상체가 뒤집히는 동작이다(사진❶). 백스윙이 이렇게 되면 다운스윙 때 클럽 진행이 막히기 때문에 클럽 스피드가 빨라질 수 없다. 그럼 백스윙 때 왜 상체가 뒤집힐까? 그 이유는 테이크백 동작에서 엉덩이가 오른쪽으로 밀리고(사진❷), 허리가 뒤로 뒤집혔기 때문이다(사진❸). 몸의 오른쪽을 잘 버티면서 올바른 백스윙을 한 상태에서(사진❹) 상체를 세워 보면 몸은 제대로 회전하고 상체는 뒤집히지 않은 것을 알 수 있다(사진❺). 반면에 엉덩이가 밀리고 상체가 뒤집힌 백스윙에서 상체를 세워 보면 몸은 거의 회전하지 않은 채 허리가 뒤집힌 것을 알 수 있다. 하지만 자신은 회전했다고 착각하는 것이다.

백스윙을 올바르게 하면 몸이 잘 꼬였기 때문에 클럽이 빠르게 잘 빠져나간다. 그래서 다른 사람들이 볼 때 스윙이 부드러워 보이지만 샷은 강력하다. 그러나 백스윙을 잘못하면 몸의 꼬임이 거의 없기 때문에 클럽이 빠르게 빠져나갈 스피드가 안 생기므로 자꾸 힘을 만들어서 치게 된다. 그래서 배치기 같은 동작도 나오게 된다.

NG

1

상체가 뒤집히는 백스윙 동작을 교정할 때 교정자는 머리 위치가 오른쪽으로 상당히 많이 가 있는 느낌이 들어 어색할 것이다(사진❻). 왜냐하면 상체가 뒤집혔을 때의 머리 위치에(사진❸) 비해 상체가 제대로 회전했을 때의 머리 위치가(사진❺) 오른쪽에 있기 때문이다. 실제로 올바른 회전은 가운데를 기준으로 거의 제자리에서 머리가 살짝 움직이는 정도다(사진❼). 백스윙을 올바르게 하려면 머리를 움직이면 안 된다는 고정관념 때문에 머리를 그대로 두고 회전하려고 하는데, 그러면 몸이 막혀서 절대 회전이 안 된다(사진❽).

머리 위치가 오른쪽으로 많이 가 있는 어색한 느낌

OK

NG

그래서 얼굴도 살짝 회전하면서 왼쪽 눈으로 볼을 계속 본다는 느낌을 갖는 것이 좋다(사진❾). 두 눈으로 볼을 계속 똑바로 보려고 하면 회전이 제대로 안 된다. 폴로 스루 때도 머리를 너무 고정시켜 뒤쪽에서 보려고 하지 말고(사진❿), 머리를 타깃 방향으로 살짝 회전시키면서 쳐다본다(사진⓫). 간혹 이것을 헤드업이라고 착각하는데, 헤드업은 머리가 위로 들리는 것이고, 이것은 머리의 높이 변화 없이 회전만 한 것이므로 헤드업이 아니다.

백스윙 때 오른쪽 어깨에 힘이 들어가는 경우가 많다. 나는 릴리스 동작을 매우 강조하는데, 볼을 때릴 때 결국은 손목을 풀어줘야 한다. 코킹을 했으면 언코킹을 해야 한다. 그래야 힘을 쓸 수 있다. 가령 무언가를 때릴 때도 손목을 풀어줘야 힘을 쓸 수 있다는 것은 누구나 알고 있다. 백스윙 때 오른쪽 어깨에 힘이 들어가면 어깨가 단단해지는데, 이 상태에서 볼을 치기 위해 다시 힘을 주면서 손목을 풀면 타이밍 맞추기가 어려워진다. 따라서 백스윙 때 오른쪽 어깨에 힘이 아예 없으면 볼을 맞히는 가장 좋은 타이밍에 손목을 풀기 쉬워진다. 즉, 몸이 경직되면 강펀치를 칠 수 없는 것과 같은 이치다.

한 손에 볼을 들고 바닥에 있는 볼을 맞힐 수 있어야 한다(사진⑫). 이것이 릴리스다. 만약 바닥에 놓인 볼보다 뒤쪽에 맞으면 릴리스 타이밍이 빠른 것이고, 앞쪽에 맞으면 릴리스 타이밍이 늦은 것이다. 골프의 모든 동작을 아무리 열심히 연습해도 마지막에 릴리스 타이밍이 맞지 않으면 소용없다. 그래서 릴리스 타이밍은 평생 연습해야 할 정도로 매우 중요하다. 그런데 아마추어 골퍼들은 연습이 아니라 연구만 하는 경향이 있다. 즉, 연습은 부족한데 볼을 잘 맞히는 방법에만 관심이 많다는 것이다. 그렇게 해서는 절대 실력이 늘지 않는다. 자신의 스윙에서 릴리스 타이밍에 대한 연습을 수도 없이 해야 한다. 그래야 자신의 볼이 날아가는 방향, 구질 등을 파악하게 되고 그 편차를 줄여가는 연습을 통해 실력이 향상된다.

33

동영상 보기

부상을 일으키는 잘못된 손목 사용

클럽 스피드를 높이기 위해 임팩트 구간에서 손목을 빨리 꺾으면 스피드는 빨라질지언정 볼에 힘 전달은 제대로 되지 않는다(사진❶). 이런 유형의 스윙은 볼이 잔디 위에 살포시 떠 있는 상황에서는 볼 콘택트에 그럭저럭 문제가 없지만, 잔디가 짧은 상황에서는 문제가 생길 수 있다. 손목을 빨리 꺾는 스윙은 손가락이나 손목 등 작은 근육으로 헤드 스피드를 높이기 때문에 만약 뒤땅을 치면 그 충격이 손목이나 손가락으로 그대로 전달되고, 잔디의 저항을 받을 경우 클럽헤드가 제대로 빠져나가기 어렵다. 그까짓 풀 정도야 클럽헤드가 그냥 지나갈 것 같지만 여러 가닥의 풀이 뭉쳐 있으면 저항력이 엄청 강해진다. 그래서 손목을 꺾어 치는 스윙은 손목 부상 위험이 매우 높다. 내가 클럽헤드를 내려쳐라, 찍어쳐라, 다운 블로우로 쳐라, 바닥에 던져라 등을 늘 강조하는 이유도 그래야 손목 부상을 피할 수 있기 때문이다.

손목을 빨리 꺾으면 임팩트 구간에서 클럽이 엄청 빠르게 지나가니까 스피드도 빠르고 강한 스윙이라고 느껴질 것이다. 그러나 손목이나 손가락 등 작은 근육으로 아무리 클럽헤드를 세게 보내봐야 한계가 있다. 힘은 그렇게 쓰는 게 아니라 클럽이 풀릴 때 체중이동에서 나오는 힘, 회전에서 나오는 힘, 어깨에서부터 클럽헤드 끝까지 전달되는 힘 등이 싱크가 잘 맞으면서 맞아야 볼에 강력한 힘이 전달되고(사진❷) 임팩트 후에 팔이 뻗어진다(사진❸). 그래야 클럽헤드의 엄청난 무게를 바닥에 완전히 떨어뜨려 찍어 칠 수 있다. 손으로 걷어 올리는 스윙은 비거리도 짧을뿐더러 파워 면에서 비교도 되지 않을 정도로 약하다.

NG

1

　나는 팔에 힘을 주지 않고 헤드 무게로 내려치라고 강조한다. 그런데 부상에 대한 두려움 때문에 못하는 사람이 많다. 그것은 오랜 잘못된 습관에서 비롯된 것이다. 그러다 보니 임팩트 순간 클럽헤드를 떨어뜨리지 못하고 순간적으로 걷어 올리게 된다. 올바르게 떨어뜨리면 부상 위험이 없다는 것을 내 몸이 알아야 한다.

　또한 내가 늘 강조하는 것 중 하나가, 겉보기에는 팔에 엄청나게 힘을 주고 뻗어서 스윙하는 것처럼 보이지만 실제로는 느슨하게 스윙한다는 사실이다. 느슨한 상태에서 클럽헤드 무게를 느끼면 헤드 무게로 인해 팔은 자연스럽게 '쭉' 뻗어진다. 그리고 스윙 중간에 뒤땅이 나거나 강한 러프에 걸려도 원래 팔에 힘이 없기 때문에 손목이나 엘보 부상을 당할 염려가 없다.

　다시 한번 강조하지만 팔에 힘을 빼고 클럽이 내려올 때 헤드 무게로 내려쳐야 한다. 그럼에도 불구하고 다칠 것 같다고 생각하는 사람은 생각을 바꾸지 않는 한 스윙은 절대 바뀌지 않는다. 자신의 생각이 맞다고 계속 생각하는 한 교정은 불가능하다.

　클럽을 내려칠 때 주의할 점이 있다. 백스윙 톱에서 다운스윙을 하는 동안 손과 몸 사이의 간격은 계속 유지되어야 한다(사진❹). 그런데 다운 블로우로 친다고 손과 몸 사이의 간격이 좁아지면 스윙의 연결 고리가 끊어진다(사진❺). 즉, 백스윙에서 모아 놓은 힘 사용의 연결성이 끊어진다. 그 결과 아무리 세게 쳐도 볼에 힘 전달을 제대로 할 수 없어 볼을 치기 직전 뭔가 새로운 힘을 만들어 치게 되는 미스가 발생한다. 그리고 임팩트 후에는 타이밍에 맞게 몸을 열어줘야 한다(사진❻). 그래야 클럽 끝에 힘이 제대로 전달된다. 클럽만 가고 몸이 열리지 않으면 아무리 세게 쳐봐야 손목의 약한 힘만 전달되고 자칫 부상을 당할 수도 있다(사진❼).

34

손에서 미끄러지지 않는 그립 잡는 법

동영상 보기

슬라이스나 훅이 자주 나서 고생한다면 그립을 잘못 잡은 경우도 많다. 그립을 잘못 잡으면 손목과 팔에 불필요한 힘이 들어가기 때문에 손목을 쉽게 풀고 로테이션을 자연스럽게 하고 싶다면 그립부터 제대로 잡아야 한다. 그립이 오른쪽으로 많이 돌아가면 훅 그립, 왼쪽으로 많이 돌아가면 슬라이스 그립이라고 하는데, 가장 기본적인 그립은 뉴트럴 그립이다.

왼쪽 새끼손가락 바로 아래 부분에 여섯 번째 손가락이 있다고 상상하고(사진❶), 그립을 그 여섯 번째 손가락 부분에 올리고 손가락으로 말아 잡는다(사진❷, ❸). 엄지손가락이 그립 중앙이 아닌 옆으로 살짝 가도 괜찮으며 그립을 잡은 후 몸쪽으로 당겨 잡는다(사진❹). 이 부분이 매우 중요한데, 그립에서 힘을 주는 방향은 앞쪽이 아니라 뒤쪽, 즉 몸쪽이다.

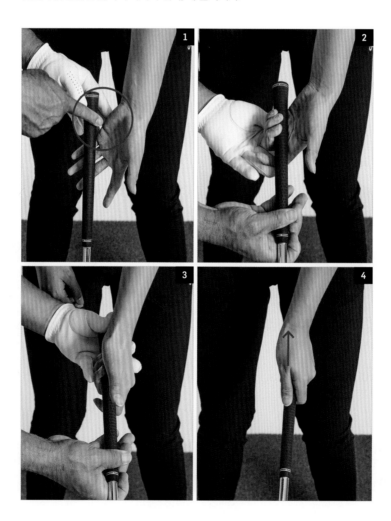

위에서 그립을 내려다봤을 때 너클이 두 개 정도 보여야 한다(사진❺). 그립 안쪽에는 빈 공간이 있어도 괜찮고(사진❻), 조금 눌러 잡아서 공간을 없애도 된다. 그립을 잡으면 클럽헤드의 무게를 지탱해주는 부분이 있어야 하는데, 그곳이 바로 여섯 번째 손가락 부분이다(사진❼). 이 부분은 그립에 빈틈없이 견고하게 붙어서 클럽헤드 무게를 지탱해야 한다. 이때 엄지 등 다른 손가락과 손목에는 힘이 없어도 되며, 끝 쪽만 견고하게 잡으면 된다. 만약 이 부분이 들뜨면 그립이 손안에서 놀면서 무게 지탱을 제대로 하지 못하는데, 들뜨는 이유는 그립을 손가락이 아닌 손바닥으로 잡아 힘이 없기 때문이다.

오른손은 그립을 덮어 잡으면(슬라이스 그립) 안 된다(사진❽). 덮어 잡으면 오른손이 이미 왼쪽으로 돌아가 있기 때문에 볼을 칠 때 로테이션이 제대로 안 된다(사진❾).

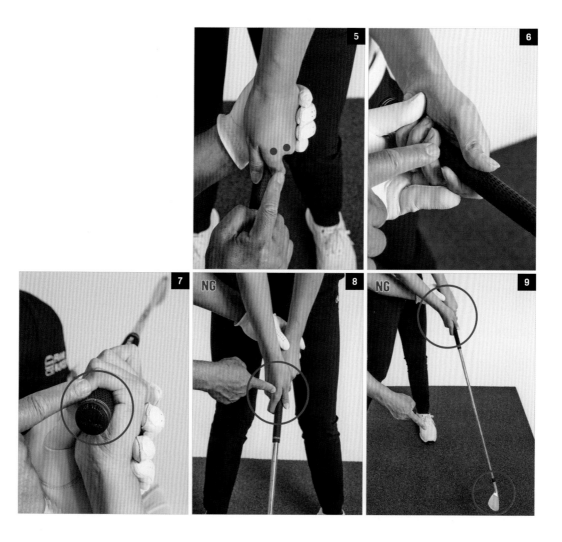

피니시를 하고 왼팔이 L자 모양일 때 왼손바닥은 위에 접시를 올려놓을 정도로 하늘을 향해야 한다(사진❿). 만약 왼손바닥이 정면을 향하면 슬라이스가 나고 있다는 증거다(사진⓫).

팔과 클럽이 일자 모양으로 된 어드레스도 슬라이스를 유발한다(사진⓬). 이런 자세는 팔이 많이 경직되어 있고 클럽의 라이각이 세워져 있다. 어드레스를 잘못 선 상태에서 다운스윙을 하면 슬라이스를 안 나게 하려고 손동작을 많이 쓰다보니 타이밍이 잘 안 맞게 된다.

상체를 숙이고 무릎을 살짝 구부리고 어깨에 힘을 빼고 양손을 자연스럽게 축 늘어뜨린 상태에서 몸의 중심을 앞쪽에 살짝 둬보자(사진⑬). 그 상태에서 몸의 중심을 뒤쪽으로 살짝 옮겨보자(사진⑭). 다시 몸의 중심을 앞쪽으로 살짝 옮겨보자. 이렇게 앞꿈치를 살짝살짝 들었다 났다 하면 점점 발바닥 중앙으로 무게 중심이 느껴질 것이다. 프로들이 앞꿈치를 들었다 났다 하는 이유도 이 때문이다. 이것이 올바른 무게 중심이다. 무게 중심이 뒤꿈치 쪽에 있으면 클럽과 몸 사이에 공간이 없어 생크 등 미스 샷이 나올 확률이 높다. 자신이 생각하기에 중심이 조금 앞쪽에 있다는 느낌이 맞다. 그리고 클럽은 양손을 자연스럽게 늘어뜨린 자리에서 잡으면 된다(사진⑮). 손을 앞으로 내밀어 팔이 펴지게 잡으면 안 좋다(사진⑯). 이렇게 하면 올바른 어드레스 자세가 완성된다(사진⑰).

임팩트 순간에는 클럽이 세워진다(사진⑲). 그 이유는 원심력 때문인데, 임팩트 순간에 클럽헤드가 내 팔을 당기기 때문이다. 그래서 어드레스 때 팔을 내밀어 미리 펴면 원심력을 못 느끼기 때문에 클럽이 뻣뻣하게 다니고 엎어 치는 것이다.

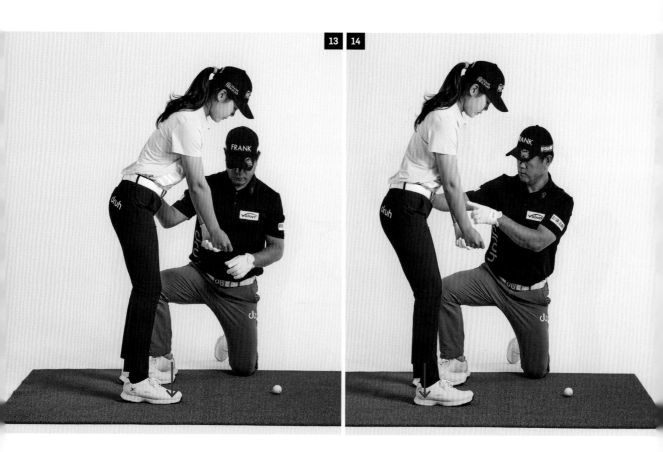

13 14

OK · 15

NG · 16

17

18

Talgol Swing

**나병관 프로의
골프 멘탈 챙기기**

#07

경기 때는 그 자체에 완전히 몰입해야 한다. 그런데 이 생각, 저 생각에 집중하지 못하는 경우가 많다. 운동은 몰입이 제일 중요하다. 미국의 전 골프 선수 아놀드 파머는 "골프에서 집중이란 자신감과 갈망에서 나온다."라고 말했다. 평소 남들보다 많이 연습하고, 스스로 위대해지려는 간절함이 강할수록 몰입의 힘은 강해진다. 자신도 그러한지 돌아보자.

뒤땅이 고쳐지지 않을 때

뒤땅이나 걷어 올리는 스윙이 나오면 먼저 어드레스를 점검해 보자. 어드레스 때 상체가 다소 서 있으면 팔을 많이 사용하게 된다(사진❶). 물론 골프에서 팔을 잘 사용하는 것은 중요하다. 하지만 팔을 과하게 사용해서는 안 된다. 몸의 힘을 좀 더 이용해야 한다. 즉, 지면에서 올라오는 힘을 몸의 큰 근육, 몸통을 거쳐 어깨, 팔을 지나 손끝에 전달해야 한다.

아마추어 골퍼들이 상체를 좀 더 숙이고 스윙을 하면 볼과 상체와의 간격이 가깝다 보니 마치 뒤땅을 칠 것 같은 두려움을 많이 느끼게 된다(사진❷). 그렇게 느껴지는 이유가 무엇일까? 바로 회전을 안

하기 때문이다. 클럽을 아무리 잘 끌고 내려와
도(사진❸) 회전을 안 하면 뒤땅을 치기 마련이
다(사진❹). 그런데 뒤땅을 안 치려다 보니 몸이
들리고 팔이 접히는 자세가 나온다(사진❺).

클럽을 잘 끌고 내려왔으면 몸의 큰 근육이 회전해야 한다. 이때 오른팔은 조금 접혀 있고, 왼팔은 펴져 있다(사진❻, ❼). 상체가 선 자세에서는 상체의 힘, 팔의 힘으로만 치게 되는데, 상체를 숙인 자세에서는 지면에서 올라오는 힘을 이용하면서 회전하면 훨씬 더 강력한 샷을 구사할 수 있다.

뒤땅이 안 내리면 임팩트 때 오른쪽 어깨의 위치를 점검해 보자. 임팩트 때 오른쪽 어깨의 위치가 더 안쪽으로 들어와서 친다는 느낌으로 쳐야 한다(사진❽, ❾, ❿). 그러면 클럽헤드가 바닥에 좀 더 깊이 들어가고 볼 앞쪽에 디봇이 잘 생긴다.

탄도가 높은 샷과 낮은 샷 중에 볼이 떨어진 후 굴러가는 거리는 어느 쪽이 길까? 탄도가 낮은 샷이다. 볼을 쓸어치거나 걷어 올리면 탄도가 높기 때문에 볼이 날아가다가 뚝 떨어진다. 이것을 마치 스핀양이 많아서 섰다고 착각하는 골퍼들이 많다. 본인이 비거리를 손해 보고 있는지도 모르고 말이다. 특히 여름철처럼 잔디가 잘 자라 볼이 잔디 위에 살포시 떠 있을 때 볼이 잘 맞고 베스트 스코어를 기록하는 이유도 이 때문이다. 반면에 다운 블로우로 눌러 치는 샷은 볼의 탄도는 낮고 비거리는 늘고 스핀양이 많아진다. 그래서 볼이 떨어진 후 빨리 세울 수 있다.

필드에서는 잔디가 좋은 상태에서만 칠 수 있는 것이 아니다. 바닥에 모래가 많을 수도, 잔디가 너무 짧을 수도 있다. 어떤 불편한 상황에서도 볼을 제대로 치려면 다운 블로우를 구사해야 한다. 그리고 라이 상태가 정말 좋지 않은 경우에는 볼의 위치를 조금 더 오른쪽에 두고 왼발쪽에 체중을 조금 더 싣고 샷을 하면 좋다.

힘은 다 뺀 것 같은데
엎어 치고 있다면

동영상 보기

다운스윙 때 아웃인 궤도로 엎어 치는 이유는 무엇일까? 백스윙을 하고(사진❶) 다운스윙을 하면서 중간 과정이 다시 오고(사진❷) 그다음 회전해야 임팩트 존이 길어진다(사진❸). 그런데 백스윙을 하고(사진❹) 중간 과정 없이 그냥 회전하기 때문에(사진❺) 엎어 치는 궤도가 만들어진다.

다운스윙 때 왼쪽 다리가 분리되면서 다시 어드레스 상태로 돌아가는 것(사진❻), 이것을 예전에는 세퍼레이션이라고 했고 요즘에는 리센터라고도 부른다. 이렇게 리센터 동작이 이루어지고 나서 회전되어야 한다. 그래야 임팩트 존에서 스퀘어 구간이 길어진다. 그런데 이 과정 없이 그냥 회전하기 때문에 엎어 치는 것이다.

동영상 보기

스윙 스피드를 높이려면 발바닥을 느껴라

스윙 스피드를 높이려면 클럽헤드에 무게를 실어야 한다. 클럽헤드에 무게를 실으려면 백스윙 때 오른발에 실렸던 힘을 왼쪽으로 이동시키면서 다운스윙을 해야 헤드에 힘이 실리면서 스피드를 낼 수 있다.

백스윙 때 오른발에 실린 힘을 왼발로 보내기 위한 동작을 해보자. 백스윙을 할 때 오른발에 힘이 완전히 실린 다음 왼발로 보내면 타이밍이 늦다. 백스윙을 하는 동안 미리 왼쪽으로 힘을 보낼 동작을 생각하면서 백스윙을 해야 한다.

백스윙을 할 때 오른발은 바닥에 잘 붙이고 뒤꿈치 안쪽으로 버틴다(사진❶). 만약 발바닥이 들리면 힘이 제대로 실릴 수 없다(사진❷). 힘을 보낼 때는 오른발 엄지발가락과 그 아래쪽 도톰한 부분으로 바닥을 밀어낸다(사진❸). 이렇게 밀어주는 힘이 있어야 체중이 왼쪽으로 간다. 바닥을 지긋이 눌러주는 과정에서 체중이 이동하면서 임팩트가 이루어져야 한다. 체중이동을 위해 왼발로 누르는 동작은 잘못된 동작이다.

그리고 체중이동 시 엉덩이를 앞으로 내밀면 안 되고(사진❹), 골반을 회전하면서 옆으로 보내준다(사진❺). 이때 척추각이 펴지지 않도록 잘 유지해야 한다(사진❻).

팔로만 스피드를 높이려 하지 말고 바닥에서 올라오는 힘을 이용해야 더 빠른 스피드를 낼 수 있다는 것을 명심하자.

동영상 보기

5년 넘게 90대라면 연습해야 할 다운 블로우

다운 블로우로 볼을 치면 클럽헤드가 볼을 친 다음 앞땅이 파진다. 만약 볼 뒤에 티를 꽂고 볼을 칠 경우 다운 블로우가 제대로 구사되면 클럽헤드는 티를 건드리지 않고 볼을 치고 나서 앞땅이 파진다(사진❶, ❷). 이것이 다운 블로우다. 만약 볼이 맞기 전에 티부터 맞는다면 뒤땅을 친다는 증거다(사진❸). 뒤땅을 치더라도 연습장 매트나 잔디가 짧은 상황에서는 볼 콘택트가 어느 정도 된다. 하지만 필드에서 볼 뒤 잔디가 긴 경우에 이런 샷이 나오면 잔디의 저항 때문에 클럽헤드가 감기고(사진❹, ❺) 그 결과 볼은 제대로 뜨지도 않는다.

뒤땅 때문에 답답해하는 골퍼들이 많다. 그럼 뒤땅이 나는 이유가 무엇일까? 손목이 빨리 풀리면서 볼 뒤부터 스치면서 쳐서? 그럼 손목은 왜 빨리 풀릴까? 손목에 힘이 너무 많아서? 아니면 걷어 올려 치려고 해서? 이 모든 것들이 잘 되는데도 안 된다면, 체중이동이 덜 돼서? 체중이동에도 문제가 없고 클럽을 잘 끌고 와서 잘 푸는데도 안 된다면, 마지막 타이밍이 잘 안 맞아서? 이처럼 여러 가지 이유가 있을 수 있다.

이것들은 스스로 고칠 수 있다. 그럼에도 불구하고 제대로 안 되는 이유는 너무 빨리 포기하기 때문이다. 구력이 5년이 넘어도, 10년이 넘어도 여전히 90대 타수를 치고 있다면 그 이유가 무엇일까? 가장 큰 이유는 한 번의 전환점을 이해하지 못하기 때문이다. 스스로 변화의 시간을 가져야 한다. 새로운 세계의 전혀 다른 공기를 마셔 봐야 하는데 너무 빨리 포기한다. 다운 블로우를 구사하려고 시도는 해보지만 오랜 습관 때문에 앞땅이 아닌 자꾸 뒤땅을 치다 보니 필드에서는 볼이 아예 뜨질 않는다. 그러면 일단 볼을 앞으로 보내야 하니까 결국 걷어 올리는 샷을 구사하게 된다. 하지만 우리는 이런 고충을 한 번은 겪고 넘어가야 한다. 만약 뒤땅을 쳤다면 다음에는 그보다 더 앞땅을 쳐봐라. 그런데도 안 맞는다면 아예 볼을 지나 더 앞땅을 쳐봐라. 하지만 그렇게 칠 수 있는 능력이 있을까? 어차피 앞땅을 치려고 해도 뒤땅이 나는데 말이다.

자, 일단 당장의 시합이나 라운드는 생각하지 말고 새로운 시도를 해보자. 이제 우리는 시간이 지나면 잘 칠 수 있는 연습을 해야 한다. 클럽을 내려칠 때 땅을 치는데 그렇게 치면 볼은 솟아오른다(사진 ❻). 반대로 걷어 올리면 볼을 그냥 뜬다(사진 ❼). 이런 샷은 치지 말자는 것이다. 우선 찍어 쳐보자. 그것도 아주 심하게 찍어 쳐보자. 그러면 볼의 탄도가 엄청 낮게 날아갈 것이다. 다운 블로우로 깊게 찍어칠 줄 아는 사람이 얇게 찍어 치는 것도 알게 된다. 즉, 그 깊이를 조절할 수 있게 된다.

볼을 걷어 올리는 골퍼는 라이가 좋은 상황에서는 괜찮지만, 좋지 않은 상황에서는 잘 치기 어렵다. 가령 러프에서 볼이 잔디 위에 잘 떠 있다면 그나마 볼을 걷어 올릴 수 있지만, 잔디가 짧거나 맨땅이라면 과연 볼을 제대로 칠 수 있을까? 필드에서 항상 좋은 라이에서만 볼을 칠 수 있을까? 절대 그럴 수 없다.

이런 여러 가지 라이 상황에서 대처할 수 있는 능력과 샷의 질을 바꿔줄 수 있는 능력이 있어야 한다. 이렇게 다양한 라이에서 볼을 제대로 치려면 일단 다운 블로우로 칠 줄 알아야 한다. 처음에는 일단 심하게 찍어 친다. 볼을 심하게 찍어 쳐도 볼이 떠서 날아간다는 사실을 뇌가 인지해야 한다. 다만 심하게 찍어 치면 탄도가 많이 낮기 때문에 조금씩 얇게 찍으면서 탄도를 조절하는 연습을 해야 한다. 이러한 과정을 겪어야 다양한 샷을 구사할 수 있다.

뒤땅을 칠까 봐 두렵다면 그냥 뒤땅을 쳐라. 우리는 천재가 아니다. 한 시간 해보고, 하루 해보고 안 된다고 필드에 나가서 계속 걷어 올릴 것인가? 자, 9번 아이언으로 연습해 보자. 처음에는 볼 앞쪽을 아주 깊게 찍어 쳐보자(사진❽). 깊게 팔 줄 알아야 나중에 얇게 팔 수도 있다. 하지만 얇게 파는 것부터 하면 나중에 깊게 파기 힘들다. 처음에는 아주 가파르게 깊게 쳐라. 잘 안 되더라도 해보자. 연습장에서 잠시 부끄럽더라도 당장 해버리자. 과감하게 찍어보자(사진❾). 단, 엎어 찍으면 안 된다(사진❿). 이것은 찍는 데 집중하다 보니 회전이 안 되기 때문이다.

찍어 치더라도 충분히 회전해야 한다. 손목 힘도 빠져야 한다. 과감하게 찍어야 한다. 보통 아마추어 골퍼들은 이런 연습을 몇 번 하고는 그만둔다. 계속 해야 한다. 볼을 확실히 눌러 쳐라. 엄청난 뒤땅이 나더라도 괜찮으니 더 눌러 쳐라. 엎어 치지 말고 회전하면서 더 눌러 쳐라.

볼을 치자마자 멈춰 보자(사진⑪). 그래야 찍어 친다는 것이 무엇인지 느낄 수 있다. 볼을 때리자마자 멈춰도 볼은 충분히 제 거리를 날아간다. 볼에 에너지가 모두 전달됐기 때문이다. 볼을 때린 다음 폴로 스루는 원심력과 관성에 의해 이루어지는 것이다. 하지만 클럽을 멈추지 못하고 몰고 가기 때문에 땅에 찍히지 않는 것이다. 클럽을 멈추지 못하는 이유는 볼을 제대로 치지 못할 것 같은 두려움 때문이다. 제대로 안 맞아도 겁내지 말고 멈춰라. 뒤땅을 치면 그다음엔 조금 더 앞을 쳐보는 것이다. 그러다 보면 맞는다.

동영상 보기

내려찍기, 성공했는가?

클럽별 거리 편차를 내기 위해서, 드로우와 페이드를 구사하기 위해서, 낮은 탄도의 스팅어 샷과 같이 본인이 의도한 샷 메이킹을 하기 위해서는 반드시 다운 블로우로 볼을 칠 수 있어야 한다. 볼을 칠 때 손의 위치가 핸드 퍼스트가 되면 절대 뒤땅이 나지 않고 클럽헤드로 볼을 눌러 칠 수 있다(사진❶, ❷). 마치 볼을 압축시켜 때리는 느낌이다. 그런데 다운 블로우로 치지 못하면 뒤땅도, 탑핑도 날 수 있다(사진❸, ❹).

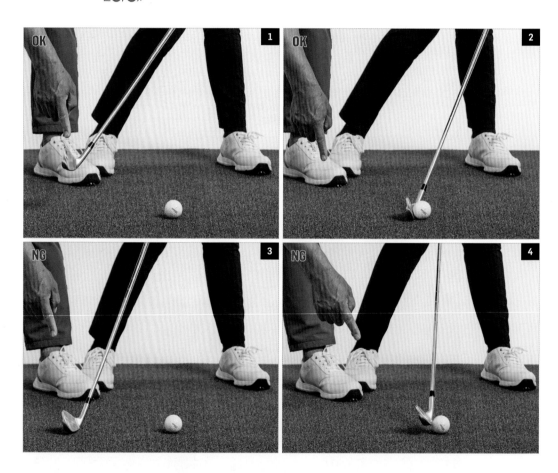

볼을 찍어치기에 어느 정도 익숙해졌다면 임팩트에 파워를 더해보자. 볼에 힘을 전달하기 위해서는 다운스윙 때 무게 중심을 왼쪽으로 이동시켜야 한다. 어드레스 자세에서(사진❺) 체중을 왼쪽으로 이동하고 엉덩이도 열린 자세를 만들어보자(사진❻). 이러한 자세로 볼을 눌러 쳐야 임팩트에 파워를 실을 수 있다.

어드레스에서 몸의 중심을 기준으로(사진❼) 임팩트 때는 체중이동이 되면서 몸의 중심이 약간 왼쪽으로 가야 뒤땅이 나지 않고 다운 블로우로 볼을 칠 수 있다(사진❽). 다만 드라이버의 경우 상향 타격을 구사하므로 머리의 위치는 뒤쪽에 남아 있어야 한다(사진❾). 이러한 샷을 구사하면 볼이 맞는 소리도 다르고 전혀 다른 세상을 경험하게 될 것이다.

동영상 보기

골프에 진심일수록 더 심해지는 아웃인 궤도

필드에 나가면 탑볼이나 뒤땅도 자주 치고, 엎어 치고, 디봇을 내고 싶어도 불안해서 잘 안 된다고 하소연하는 골퍼들이 많다. 특히 아웃인 궤도는 더 잘 치고 싶은 욕심이 생기는 중상급자들에게 자주 나타난다. 내가 늘 강조하지만 스스로 한 번은 극복해야 한다. 그 불안감이 해소될 때까지는 뭔가 새로운 스윙을 계속 시도해 봐야 한다. 그러다 보면 그 두려움이 완벽하게 깨끗이 사라지지는 않아도 그 시도들이 좋았다는 것을 내 몸이 알게 되면 계속 그 스윙으로 가는 것이다. 그래서 아마추어 골퍼들이 연습장에 갈 때는 목적을 가지고 가야 한다. 가서 무조건 볼만 많이 친다고 골프 실력이 달라지지는 않는다. 무엇을 연습할지를 정하고, 열 번이고 백 번이고 천 번이고 그 동작이 될 때까지 연습해야 한다. 그래야 뇌에서 동작을 인지하고, 내 몸에서 그 동작이 자연스럽게 나오게 된다.

몸통 회전을 해야 한다는 생각에 사로잡혀 하체를 너무 빠르게 회전하고 있는지 점검하라(사진❶, ❷). 하체가 빨리 회전하면 클럽헤드의 방향도 아웃인으로 갈 수밖에 없다.

1 NG

2

다운스윙 때 다시 어드레스 상태로 돌아오는 리센터 동작이 있고(사진❸, ❹) 그다음에 회전해야(사진❺) 임팩트 존이 길어지고 볼이 똑바로 갈 수 있다. 연습할 때는 다운스윙 전환 때 리센터 동작을 먼저 하고, 그다음 몸을 회전하는 구분 동작으로 연습한다. 수많은 반복 연습을 통해 동작이 어느 정도 익숙해지면 자연스럽게 이어서 한다.

리센터

그다음 더 멀리 보내고 싶다는 마음에 다운스윙 때 힘을 더하려고 하는지 점검하라. 힘을 더하려는 마음이 엎어 치는 아웃인 궤도를 만든다. 과거에는 임팩트 직후 클럽 스피드가 가장 빨라야 한다는 레슨이 주를 이뤘다. 하지만 임팩트 후에 스피드를 내는 것이 아니다. 볼을 치기 위한 에너지는 백스윙 톱에서 다운스윙으로 전환되는 트랜지션 과정에서 모두 만들어진다(사진❻). 이때 스피드도 이미 다 만들어진다. 이후 나머지 구간은 추진력(관성 모멘트)으로 간다(사진❼). 다운스윙 전환 때 생긴 에너지가 알아서 가게끔 내버려 두는 것이다. 이것이 릴리스다. 몸과 어깨, 팔의 힘을 모두 풀고, 클럽헤드 무게를 느끼면서 채를 떨어뜨려라. 그래야 흔히 말하는 찍어치는 다운 블로우가 된다.

미사일처럼 솟아오르는 아이언 샷

아이언 샷의 목적은 볼에 강한 스핀을 걸어서 목표한 거리에 정확하게 멈춰 세우는 것이다. 그래서 중상급자 이상이 되려면 아이언에 에너지를 압축시켜서 눌러 찍는 샷을 구사할 줄 알아야 한다.

아이언 샷에 스피드를 더하려면, 몸이 회전하는 속도보다 팔이 더 빠르게 내려와야 한다(사진❶). 몸의 회전보다 팔이 느리면 스피드를 낼 수 없다(사진❷).

몸의 회전 속도가 팔보다 빠르기 때문에 팔이 몸의 회전 속도를 따라잡아야 한다. 그래서 가슴이 볼을 향하고 있을 때 임팩트가 이루어져야 한다. 마치 가슴으로 볼을 감싸고 치는 느낌이다(사진❸). 그래야 볼에 강한 압력을 가할 수 있다. 만약 가슴이 목표 방향으로 열리면 로프트가 커지기 때문에 볼은 잘 뜨지만 강하게 칠 수 없다(사진❹).

볼을 때릴 때는 순간적으로 손목이 풀리는 과정에서 볼을 맞혀야 속도가 가장 빠른 상태에서 볼을 때릴 수 있다(사진 ⑤, ⑥, ⑦). 조금 과장해서 표현하면 손목을 꺾어서 볼을 때리는 것이다. 체중이동을 하고 난 후에 볼을 치려고 하면 이미 늦는다. 체중이동을 하는 과정 속에서 맞아야 임팩트 때 무게를 더해줄 수 있다.

나병관 프로의
골프 멘탈 챙기기

#08

공자께서 말씀하시되, 지지자知之者, 호지자好之者, 락지자樂之者라 했다. 안다
고 하는 자는 좋아하는 자만 못하고, 좋아한다고 하는 자는 즐기는 자만 못하
다는 뜻이다. 골프도 알기만 한다고 잘 칠 수는 없다. 골프를 좋아하고 좋아
하는 만큼 잘하기 위해 노력해야 한다. 그리고 그 과정을 즐겨야 한다. 어떤
경지에 이르는 과정은 매우 고통스럽다. 그러나 그 고통에 굴복하면 안 된다.
노력하면 반드시 성장할 수 있다. 힘든 과정을 즐길 수 있다면 실력 향상은
반드시 따라온다.

아이언은 그런대로 맞는데 드라이버가 안 맞는다면

동영상 보기

어디선가 주워들은 잘못된 골프 상식이 잘하고 있던 스윙을 망가트리는 경우가 있다. 드라이버를 칠 때 다운스윙은 몸통 회전을 이용하란 소리를 많이 들어봤을 것이다. 물론 몸통 회전이 필요하지만 내가 생각하는 다운스윙은 풀어주는 것이다. 볼을 치는 힘은 회전만이 아닌 몸을 풀어주는 힘, 내려오는 힘, 추진력으로 이루어진다. 즉, 백스윙 때 꼬인 몸을 풀어주는 힘으로 치는 것이다. 그것을 관성 모멘트이라고 하는데, 이 추진력으로 알아서 끝까지 가는 것이다.

꼬인 몸을 풀어줄 때는 백스윙 톱에서(사진❶) 먼저 하체가 분리되고(사진❷), 그다음 어깨가 분리되고(사진❸), 어깨가 분리되면 손은 자동으로 떨어지고(사진❹), 그다음 클럽이 와야 한다(사진❺).

171

여기서 관성 모멘트의 개념을 이해해 보자. 예를 들어 자동차가 시속 100킬로미터로 빠르게 달리다가 갑자기 급브레이크를 밟는다고 하자. 그러면 차 안의 모든 것이 달리던 방향으로 튀어 나가려고 하는데, 이 현상을 생각하면 된다. 백스윙 톱에서(사진⑥) 하체가 분리되면서 '가속'을 했지만(사진⑦), 몸통이 돌다가 딱 멈추고('감속')(사진⑧), 그다음 손이 떨어지다가 브레이크를 잡아주고('감속')(사진⑨), 그다음 클럽이 관성 모멘트에 의해 '가속'하면서 릴리스가 되는 것이다(사진⑩, ⑪, ⑫).

릴리스는 골프뿐만 아니라 여러 운동(야구, 축구, 당구 등)에서 볼 수 있는데 그만큼 손목을 풀어주는 것이 힘을 전달하는 데에 중요한 역할을 한다.

가속!

감속!

감속(브레이크)!

가속(관성 모멘트)!

가속(관성 모멘트)!

가속(관성 모멘트)!

173

골프를 운으로 치려고 하지 마라.
계획된 실수를 하라!

동영상 보기

연습은 많이 하는데 항상 비슷한 스코어에서 벗어나지 못한다면 정확한 목표 설정과 다양한 라이별 운영 방식에 대해 알고 갈 필요가 있다. 목표와 방향을 정하고 치지 않으면 원하는 스코어가 안 나왔을 때 단지 그날의 기분만 상할 뿐, 앞으로 발전할 수 없다. 하지만 확실한 목표를 정한 뒤에 실수하게 된다면 어느 부분에서 잘못했는지를 스스로 인지할 수 있게 된다. 그리고 실수를 파악했다면 볼을 목표 지점으로 보내는 상상을 꼭 하는 것이 좋다. 그래야 배우는 것이 있고 자신의 골프가 발전할 수 있다.

상황 #1 티 박스

티 박스에 들어설 때는 티를 아무 곳에나 꽂는 것이 아니라 방향 설정이 정말 중요하다. 먼저 티 박스에 서서 멀리 목표물을 보고 티 박스 앞쪽에 목표물과 연결한 지점(보통 지푸라기나 색이 다른 잔디 같은 것)을 정한 뒤, 클럽을 들어 목표물과 그 지점을 연결한 연장선상에 티를 꽂는다(사진❶). 그리고 어드레스를 했을 때 클럽헤드와 볼을 칠 지점을 연결한 가상의 선과 양발 앞꿈치를 연결한 가상의 선이 기찻길처럼 평행하면 잘 선 것이다(사진❷).

상황 #2 **티 높이**

드라이버 티샷을 할 때 티 높이가 낮은 사람들이 있다(사진❸). 일반적인 샷을 구사하는 데 티를 낮게 꽂는 데는 그만한 이유가 있다. 스윙 궤도가 아웃인으로 엎어 치면 찍혀 맞기 때문에 뽕샷을 방지하기 위해 티 높이를 낮게 꽂는 것이다. 그런 사람들의 드라이버 페이스를 보면 위쪽(크라운)에 볼 자국이 많이 보일 것이다. 아웃인 스윙 궤도에서 티를 낮게 꽂는 것은 매우 잘한 선택이다.

자신의 골프 실력이 더 발전하지 않아도 된다면 이렇게 쳐도 된다. 그러나 더 발전하고 싶다면 과감한 시도를 해야 한다. 티를 높게 꽂고 쳐보자(사진❹). 차라리 실수를 하자. 티를 갑자기 높게 꽂으면 불안할 것이다. 그럼 뒤로 물러나서 공중에서 인아웃 궤도로 빈 스윙을 해보자. 그리고 다시 어드레스를 하자. 뽕샷이 나도 괜찮으니 걱정하지 말고 시도해 보자. 빈 스윙 때처럼 공중에서 친다는 느낌으로 쳐보자. 이러한 실수를 통해서 티를 낮게 꽂지 않아도 된다는 사실을 깨달아야 한다.

상황 #3 **아이언 샷, 백핀**

페어웨이에서 아이언으로 그린을 공략하는 상황이다. 핀까지 거리는 150미터이고 앞바람도 없고 핀 위치는 백핀이다. 자신의 6번 아이언 거리가 150미터라면, 백핀인 상황에서는 6번 아이언으로 풀스윙 공략을 하는 것이 좋다. 왜냐하면 잘 맞아도 오버될 경우는 거의 없고, 잘못 맞아서 조금 짧아도 백핀이기 때문에 핀까지는 좀 멀더라도 일단 온그린을 노릴 수 있다.

그런데 만약 핀 위치가 앞핀이라면 다른 선택을 해야 한다. 똑같이 핀까지 거리가 150미터라도 앞핀이면 5번 아이언으로 풀스윙 공략을 하는 것이 좋다. 왜냐하면 앞핀이기 때문에 길게 쳐도 온그린이 가능하지만, 만약 딱 맞는 클럽인 6번 아이언으로 쳐서 조금 잘못 맞아 짧으면 온그린 자체가 안 되기 때문이다.

정말 수많은 골퍼들이 에임을 잘못하고 있는데, 잘못된 스윙 궤도로 인해 에임을 잘못 서기도 하고, 잘못된 에임을 보완하기 위해 보상 동작의 궤도로 스윙을 하기도 한다. 예를 들어 아웃인으로 엎어 치는 궤도를 가진 사람은 볼이 왼쪽으로 가지 않도록 목표보다 오른쪽으로 잘못 에임하는 경우가 많다. 얼라인먼트 스틱 하나를 클럽 페이스가 향하는 쪽에 두고, 다른 하나는 양어깨가 향하는 방향에 대고 뒤쪽에서 보면 아마 깜짝 놀랄 정도로 목표 방향보다 오른쪽으로 향했을 것이다(사진❺, ❻).

클럽 페이스 방향을 올바르게 수정하고 그 라인에 맞게 어드레스를 해보자(사진❼, ❽). 아마 너무나 불편할 정도로 왼쪽을 향하는 느낌이 들 것이다. 그런데 이게 맞는 것이다. 만약 평소처럼 엎어 친다면 볼은 왼쪽으로 갈 것이다. 실수가 나오더라도 그렇게 쳐보자. 이 상황에서 잘 치려면 인아웃으로 칠 수밖에 없기 때문에 스윙 궤도도 자연스럽게 좋아질 수 있다. 이렇게 교정하는 것이다.

상황 #5 같은 거리일 때, 페어웨이 vs 벙커

핀까지 남은 거리가 100미터로 똑같은데 페어웨이에서 공략할 때와 벙커에서 공략할 때는 클럽 선택이 달라야 한다. 페어웨이에서 100미터를 피칭웨지로 친다면, 벙커에서는 9번 아이언을 선택한다(사진⑨). 벙커에서는 풀스윙을 하지 않는 것이 좋다(사진⑩, ⑪). 만약 체중이동을 하면서 풀스윙을 하면 몸의 밸런스가 안 잡혀 미스샷 확률이 높아진다.

바닥이 단단한 곳이 나올 때까지 발바닥을 비벼 어드레스를 하고, 그만큼 클럽을 짧게 잡고 상체 위주로 친다. 그렇다고 상체로만 치는 것이 아니라 하체도 조금은 움직이지만 상체 위주로 친다는 것을 이해해야 한다. 그만큼 밸런스가 중요하다.

상황 #6 **왼발 오르막**

페어웨이에서 왼발이 높은 오르막 라이에서는 왼발 쪽이 높기 때문에 체중이동이 잘 안 되므로 볼이 왼쪽으로 갈 확률이 높다(사진⑫). 그래서 이런 상황에서는 볼이 왼쪽으로 가지 않도록 폴로 스루를 평소보다 높고 크게 해야 한다(사진⑬).

상황 #7 **60미터, 발끝 오르막 라이**

발끝 오르막 라이는 다른 말로 훅 라이라고도 한다(사진⑭). 훅이 자연스럽게 생기는 라이이기 때문이다. 그래서 목표보다 조금 오른쪽을 겨냥해야 한다. 일반적인 상황이라면 발끝 오르막 라이에서 풀스윙을 할 때는 평소 스윙 플레인보다(사진⑮) 완만하게 한다(사진⑯).

17

그런데 60미터 정도의 숏게임 상황이라면 바디 스윙, 암 스윙의 구분이 의미가 없다. 어떤 경우에는 몸을 더 쓰고, 또 어떤 경우에는 팔을 더 쓴다. 단, 숏게임 상황에서는 볼과 가까이 서고 그립도 짧게 잡는다(사진 9). 왜냐하면 이 상황에서는 스피드보다 거리감이 중요하기 때문이다. 그래서 스윙 스피드도 그렇게 빠르지 않으며 스윙도 클럽과 몸이 같이 움직이는 느낌으로 몸을 많이 사용하며 완만하게 한다.

상황 #8 25~30미터, 오르막 뒤쪽 핀
핀까지 거리가 25~30미터 정도이고, 그린 앞은 오르막이고 핀은 오르막 너머 뒤쪽에 있고 핀 뒤쪽은 내리막인 매우 어려운 상황이다(사진18).

첫 번째 선택은 볼을 낮게 굴리는 것이다. 낮게 굴릴 때 볼의 위치는 오른발 쪽에, 체중은 왼발에 둔다. 그리고 폴로 스루는 길게 해준다(사진⑲, ⑳, ㉑). 낮은 탄도로 쳐서 볼이 오르막을 넘어가게 치는 공략법이다.

두 번째 선택은 전체 거리를 다 치는 것이다. 이 공략법이 가장 많이 쓰는 방법이다. 어느 지점을 맞추고 떨어뜨리는 것이 아니라 제 거리만큼 치는 것이다(사진22, 23, 24). 치기 전에는 반드시 볼을 보내야 할 지점을 쳐다보자. 그러면 순간적으로 몸이 기억하고 치게 된다.

그린 주변 어프로치

핀까지 20미터 정도의 얼마 안 되는 거리라면(사진㉕) 볼을 그린에 가볍게 떨어뜨려 핀까지 굴리는 전략이 가장 좋다(사진㉖). 그리고 그린 에지로부터 세 발자국 이내인 경우에는 샌드웨지보다 피칭웨지로 러닝 어프로치를 구사한다. 그래야 탄도가 낮게 날아 굴러가면서 핀에 붙거나 들어갈 확률이 높아진다.

어프로치를 잘하는 사람이 세계 최고가 된다. 어려운 상황에서는 자신뿐만 아니라 상대도 보기를 범할 확률이 높다. 따라서 쉬운 어프로치를 실수하지 않고 잘해야 최고가 될 수 있다. 쉬운 것만 잘 치면 된다. 어려운 것을 꼭 잘 칠 필요는 없다.

상황 #10 그린 위 퍼팅

퍼팅이 안 들어갔다면 기분만 나빠할 게 아니라 무엇이 문제인지 생각해 봐야 한다. 만약 라이를 잘못 봤다면 다시 원래 위치로 돌아가서 라이를 다시 판단하고 쳐본다. 다시 쳐볼 수 있는 상황이 아니라면 머릿속 상상으로 쳐보자. 그럼 우리의 뇌는 실제로 안 들어간 것은 잊고 마지막에 상상으로 넣은 것을 넣었다고 착각한다. 그러면 다음 홀로 좋은 기운을 가져갈 수 있다.

44

동영상 보기

악마의 구간, 90대를 벗어나고 싶다면

5년 넘게 골프를 쳤는데도 90대에서 맴돌고 있다면 확실히 스윙 방법에 문제가 있다는 것이다. 클럽이 내려와서 임팩트가 이루어지는 그 순간은 너무나도 짧은 찰나이기 때문에 사람의 힘으로는 그 속도를 따라갈 수 없다. 오히려 몸에 힘을 주게 되면 클럽 속도가 몸을 따라 자연스럽게 줄어들게 된다. 클럽 스피드를 최대한 뽑아내려면 클럽헤드 끝에 모든 무게를 내려놓는다는 마음으로 클럽을 뿌려 줘야 한다. 다운 블로우도 이와 같은 원리다. 팔에는 클럽을 들고 있는 최소한의 힘만 있을 뿐 그 외에는 힘을 쓰지 않는다고 생각해야 한다.

자, 일단 팔을 휘두르는 개념부터 이해해야 한다. 팔을 휘두르려면 몸에 힘이 빠져야 한다. 특히 백스윙 때 어깨에 힘이 들어가면 안 된다(사진❶). 몸에 힘이 들어가면 어깨 부위가 단단해진다. 클럽을 내려놓고 몸을 흐느적거리며 헐렁하게 회전해 보자(사진❷). 그다음 팔을 들어보자(사진❸). 보통 팔을 들면 이때부터 팔에 힘이 들어가는데, 이 점에 주의하면서 팔에 힘이 안 들어가게 한다. 다운스윙을 시작하면서 어깨가 턱에서 '툭' 떨어지게 분리시킨다(사진❹). 보통 다운스윙 때 수직낙하, 샬로잉을 하라는 말을 많이 들어봤을 것이다. 그런데 왼쪽 어깨에 힘이 잔뜩 들어가 있으면 아무리 손을 뒤쪽으로 내려도 동작이 제대로 안 되고 덤비는 스윙이 된다. 상체 힘이 모두 빠져 있는 상태에서 어깨가 턱에서 힘없이 분리되면 수직낙하나 샬로잉 동작은 자연스럽게 되고 클럽은 올바른 궤도를 따라온다(사진❺).

NG

1

헐렁헐렁

팔에 힘을
주지 않는다.

어깨를 턱에서
분리시킨다.

상체 힘이 강한 경우 상체 힘을 못 쓰게 하기 위한 연습법을 소개한다. 먼저 왼발을 오른발 쪽으로 교차시킨 다음 힘을 빼고 스윙해 보자(사진❻, ❼). 이 자세에서는 상체 힘을 쓰기 어렵기 때문에 팔의 자유로운 움직임을 느끼기 쉽다. 특히 오른쪽은 열려 있어 백스윙은 잘 되지만 왼쪽은 막혀 있어 불편

하기 때문에 피니시 때 팔을 접어줘야 한다. 그다음 다리를 반대로 교차시키고 스윙해 보자(사진❽, ❾). 이번에는 오른쪽이 막혀 있어 불편하기 때문에 백스윙 때 팔을 접어줘야 하고 왼쪽은 열려 있어 손을 풀어주면서 팔을 접어준다. 이 연습을 통해 팔에 힘을 뺀 채 오른쪽을 열어줘야 백스윙이 편해지고, 왼쪽을 열어줘야 폴로 스루가 편해진다는 것을 느낄 수 있다.

그럼 이번에는 양발을 모으고 스윙해 보자(사진❿, ⓫) 방금 전 연습 때보다 동작이 조금 쉬워진 느낌이 들 것이다. 그리고 점차 스윙 스피드를 더 빠르게 하면서 휘둘러 보자. 이 연습을 통해 팔의 힘으로 치는 것이 아니라 중심축을 중심으로 클럽헤드가 다닌다는 것을 느껴야 한다. 즉, 이것이 원심력인데 중심축은 별로 움직이지 않지만 클럽헤드는 바깥쪽으로 나가려는 힘을 느껴야 한다. 그래서 손이나 코어 쪽은 적게 움직이지만 클럽헤드는 바깥쪽에서 빨리 다니는 것을 느껴야 한다.

이 연습은 한 마디로 팔에 힘을 빼고 몸을 열고 모든 움직임의 싱크가 잘 맞으면 클럽헤드가 빠르게 지나간다는 것을 알게 해준다. 그렇다고 이 연습만으로 볼이 제대로 맞는다는 것은 아니다. 찰나인 임팩트 순간에 클럽 페이스를 조절하는 것은 불가능하다. 자신이 클럽 페이스를 컨트롤하면서 스퀘어로 맞출 수 있는 것이 아니라 눈 깜빡할 사이에 스퀘어로 맞는 것이다. 그래서 연습한 동작을 토대로 리듬과 템포에 맞춰 볼을 칠 수 있는 능력을 애쓰기를 통해 키워야 한다. 그리고 아마추어 골퍼는 프로들과 다르기 때문에 몸통으로 스피드를 내기보다는 손과 팔로 스피드를 내는 것이 유리하다.

찍어 치는 스윙은 손으로 찍는 것이 아니다. 백스윙을 했다가(사진⑫) 임팩트 때 골반이 열리고 체중이 왼쪽으로 가면서 중심이 이동하여 찍는 것이다(사진⑬). 이때 왼무릎은 어드레스 때 위치보다 왼쪽으로 와야 한다. 즉, 몸의 중심이 왼쪽으로 이동하면서 손이 앞쪽으로 와서 다운 블로우로 맞는 것이다. 손이 아니라 체중이동으로 찍어 치는 것이다. 이때 왼쪽으로 이동하는 동작을 스웨이로 착각하면 안 된다. 이것은 적당한 슬라이딩이다. 이렇게 슬라이딩이 살짝 되어야 체중이 왼발에 잘 실린다. 다만 드라이버의 경우는 좀 더 뒤에서 쳐야 한다.

12 **13**

찍어치는 연습을 위해 엉덩이를 열고 체중을 왼발에 두고 임팩트 자세를 만든다(사진⑭). 그 상태에서 가볍게 백스윙을 했다가 처음 자세로 돌아가면서 클럽헤드의 원심력으로 가볍게 때려준다(사진⑮). 마치 당구에서 찍어치기 느낌이랄까? 이 연습을 통해 체중이동 상태에서 볼이 찍혀 맞는 느낌을 계속 느껴보자. 힘을 완전히 빼고 무게를 던질 줄 안다면 뒤땅을 쳐도 몸에 충격이 전혀 오지 않는 신기한 현상이 나타날 것이며, 이것은 애쓰기와 훈련을 통해 꼭 익혀야 할 기술이다.

45

드라이버 치는 방법과
바디 스윙의 이해

동영상 보기

볼을 멀리 보내야 할수록 세게 쳐야 한다는 생각은 사람들에게 흔히 있는 고정관념이다. 하지만 드라이버와 같은 긴 클럽일수록 오히려 몸에 힘이 없어야 거리가 멀리 간다는 사실을 알아야 한다. 특히 휘두르는 것에 익숙하지 않은 사람들은 스윙을 할 때 겁을 먹고 힘을 주는 경우가 많은데, 이러한 경우 평소에 채나 막대기를 들고 허공에 휘두르는 연습을 하는 것이 힘을 빼는 데 많은 도움이 된다.

얼라인먼트 스틱을 잡고 임팩트 백을 때려보자. 임팩트 백을 그냥 '툭툭' 때려보면 스틱이 가볍게 느껴지고 손에 힘도 안 들어가고 편안하다(사진❶). 의도적으로 임팩트 백을 잘 때리려고 궤도를 맞추고 힘을 주려다 보면 오히려 잘 안 맞는다. 그냥 가볍게 '툭툭' 때려야 잘 맞는다. 자, 이번에는 임팩트 백의 옆면을 때려보자(사진❷). 조금 전처럼 가볍게 '툭툭' 때려보자. 그렇게 때리다가 임팩트 백에 맞기 직전에 순간적으로 멈춰보자(사진❸). 몸에는 힘이 빠져 있는데 순간적으로 클럽을 '탁' 놓는 것, 이것을 릴리스라고 한다.

순간 멈춘다.

이 연습의 핵심은 다음과 같다. 손이 허벅지 부근에 올 때까지 클럽헤드는 손 뒤쪽에서 따라오고 있다(사진❹). 그러다가 손이 왼쪽 허벅지 라인쯤에 오면 클럽헤드가 손을 앞질러 가기 시작한다(사진❺). 즉, 클럽헤드의 방향이 전환된다. 볼에 힘을 전달하려면 이 과정을 이해해야 한다.

자, 우리는 클럽이 몸과 함께 다녀야 한다고 알고 있는데, 클럽헤드가 손을 앞질러 간다니 무슨 말인가? 몸의 회전이나 몸의 다른 부분은 모두 멈춰있다고 가정하고 손과 클럽헤드만 본다면 클럽헤드가 손을 앞질러 간다(사진❻). 그런데 실제로 볼을 때릴 때는 몸이 회전하고 있다(사진❼). 즉, 손과 클럽헤드가 앞질러 가는 과정 중에 몸도 회전하고 있다. 그래서 우리가 알고 있는 클럽이 몸 앞에 있는 모습이 나오는 것이다. 이렇게 클럽을 뿌려주는 순간 몸도 같이 회전해야 힘 전달이 잘 되고 볼이 멀리 가지, 클럽과 몸이 계속 함께 돌기만 하면 절대 힘 전달이 되지 않는다.

그래서 평소에 휘두르는 연습을 많이 해야 한다. 연습할 때도 주의할 점이 있다. 휘두르는 연습은 다른 것 필요 없이 빈 스윙만 하는 것이다. 즉, '백스윙-피니시-백스윙-피니시' 동작을 중간에 멈춤 없이 이어서 휘두르는 것이다(사진 ⑧, ⑨ 반복). 잘 치려고 휘두르는 게 아니라 힘을 빼고 그냥 휘두르는 것이다. 그래야 원심력, 헤드 무게, 클럽 던지기 등의 느낌을 이해할 수 있다. 만약 스윙 한 번 하고 다시 어드레스 정렬하고, 다시 스윙하고 다시 어드레스 정렬하는 식으로 한다면 제대로 된 휘두르는 연습이 아니다.

바디 스윙, 암 스윙에 대해 많이 들어봤을 것이다. 보통 바디 스윙은 몸과 클럽이 같이 회전한다고 알고 있다(사진⑩, ⑪). 하지만 이것은 잘못 이해한 것이다. 골프에서 팔은 독립되어야 한다. 독립된 팔은 팔만의 운동을 할 줄 알아야 한다. 팔의 독립된 운동을 내 몸의 힘과 연결해서 바디 스윙이 되는 것이다. 따라서 '바디 스윙', '암 스윙', '팔로 친다', '몸통으로 친다'의 구별은 의미가 없다. 쉽게 설명하자

면, 팔은 회전만 하는 것이 아니라 위아래로도 움직이므로(사진⑫), 양팔을 올린 상태에서 우향우 돌아서(사진⑬), 스윙하면(사진⑭) 이해가 잘 될 것이다. 즉, 백스윙을 할 때 몸통은 회전하지만 팔은 위로도 들어 올린다. 따라서 팔이 독립적으로 움직이는 느낌을 알아야 한다.

마지막으로 드라이버 관련 작은 팁 두 가지를 소개한다. 첫 번째, 드라이버 어드레스 자세에서 헤드의 올바른 위치는 어디일까? 보통 드라이버 헤드 가운데 부분에 볼을 맞추는데(사진⑮) 드라이버는 들린 상태에서 맞기 때문에 그 상태에서 헤드를 들어보면 힐 쪽에 맞게 된다(사진⑯). 따라서 헤드의 토우 부분을 볼에 맞추면(사진⑰) 헤드를 들었을 때 스위트 스폿에 맞게 된다(사진⑱). 그래서 어드레스 때 아예 헤드를 바닥에서 띄워 가운데에 정렬하고 치는 골퍼들도 많다. 심리적으로 편안할 수도 있고, 잔디가 긴 경우 백스윙을 시작할 때 잔디에 걸리지 않는다는 장점도 있다.

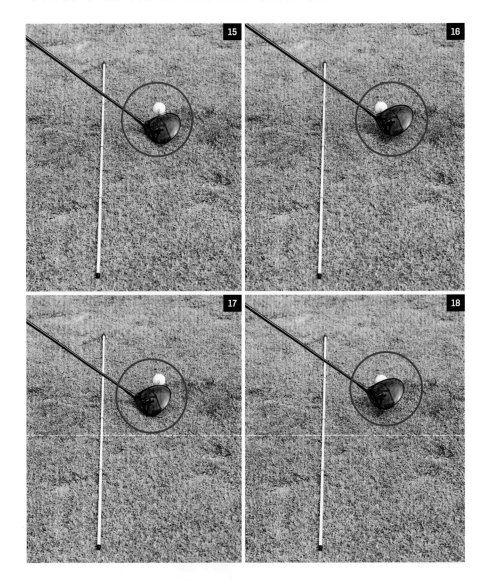

두 번째, 드라이버 어드레스 때 몸의 방향이다. 드라이버는 볼이 가장 왼쪽에 있어 심적으로 볼 쪽으로 몸이 향하는 경우가 많다(사진⑲, ㉑). 그러나 몸은 똑바로 있는데 볼만 왼쪽에 있을 뿐이지(사진⑳, ㉒) 볼이 왼쪽에 있다고 몸이 볼 쪽을 향하면 안 된다. 몸이 볼 쪽을 향하면 아웃인으로 엎어 칠 확률이 매우 높다. 그리고 오른손이 왼손보다 아래쪽에 위치하고 있기 때문에 척추의 기울기도 그만큼 자연스럽게 기울어지는 것이 좋다.

46

동영상 보기

드라이버, 헤드 무게를 느껴라!

임팩트 순간에 힘을 준다고 착각하는 골퍼들이 많다. 하지만 임팩트 순간에 힘을 주면 때는 이미 늦는다. 그렇게 되면 최고 스피드는 임팩트 이후에 나고 볼은 멀리 가지 않는다. 스윙 중에 힘은 두 번 준다. 어드레스에서 백스윙을 시작할 때 한 번 주고, 백스윙 톱에서 다운스윙으로 방향 전환을 하는 순간 한번 준다. 나머지 구간에서는 모든 힘을 내려놓아야 한다. 이를 위한 연습법은 허공에 빈 스윙을 무수히 많이 하는 것이다. 특히 드라이버는 힘을 사용해서 볼을 떠올리려는 생각을 아예 버리고 클럽헤드를 볼을 향해 놓아버린다는 마인드로 클럽을 휘둘러야 한다.

오른발을 뒤로 빼고 몸을 오른쪽으로 조금 돌린 상태에서 드라이버를 가볍게 뿌려보자(사진❶). 다운스윙 전환 때 순간적으로 힘을 주고 바로 헤드를 '탁' 놓는 연습을 하는 것이다. 이 연습의 목적은 볼을 잘 맞히는 것이 아니라 클럽헤드를 놓으면서 볼에 힘 전달이 되는 느낌을 느끼는 것이다. 그리고 임팩트 때 클럽 샤프트는 휘어져야 하는데 그렇게 되려면 다운스윙을 하다가 손이 멈추면 된다(사진❷). 마치 회초리를 휘두르듯 휘두르다가 멈춰준다. 그러면 관성에 의해 무거운 헤드가 지나가면서 샤프트가 휘어진다. 그다음 볼을 때리고 나서 손이 다시 되돌아올 수 있을 정도로 멈추면서 힘 전달의 충격을 느껴야 한다. 이때 손목의 느낌도 느껴야 한다. 이렇게 연습하고 정상적으로 서서 볼을 쳐보자. 이때도 마찬가지로 '탕' 치고 멈추는 느낌으로 볼을 친다. 골프는 힘을 쓰는 운동이 아니라 힘을 전달하는 운동이다. 헤드 끝에 힘을 전달하고 볼에 충격을 주는 이미지를 가져야 한다.

순간 손을 멈춘다.

임팩트 순간 몸을 움츠리면 클럽 페이스 끝 쪽에 볼이 맞는다(사진❸). 빈손으로 팔을 털면서 스윙해 보자(사진❹). 마치 팔이 내 몸에서 떨어져 나갈 듯이 털면서 스윙한다. 그 느낌으로 드라이버를 잡고 털어보자. 헤드 끝이 '텅' 하고 털리면서 무게가 헤드로 쏠리는 느낌을 느껴야 한다(사진❺). 그러려면 손목은 부드러워야 하고, 어깨에 힘이 빠져야 한다. 이렇게 볼을 치면 자신은 힘을 별로 안 썼는데, 볼이 묵직하게 맞아 나가는 느낌을 느낄 것이다. 임팩트 순간에는 컨트롤을 안 하는 것이다. 컨트롤을 안 하는 것이 오히려 컨트롤을 하는 것이다. 임팩트란 어떤 동작이 아니라 현상의 결과물이다. 휘두르는 과정 중에 볼이 있어서 맞는 것이다. 단, 그 과정에는 터는 과정, 놔두는 과정, 뿌리는 과정, 던지는 과정이 있어 볼이 맞는 것이지, 그냥 지나가면서 맞는 것은 아니다. 릴리스 되는 과정 속에 볼에 힘이 제대로 전달되어 날아가는 것이다. 따라서 이 감을 익혀야 한다.

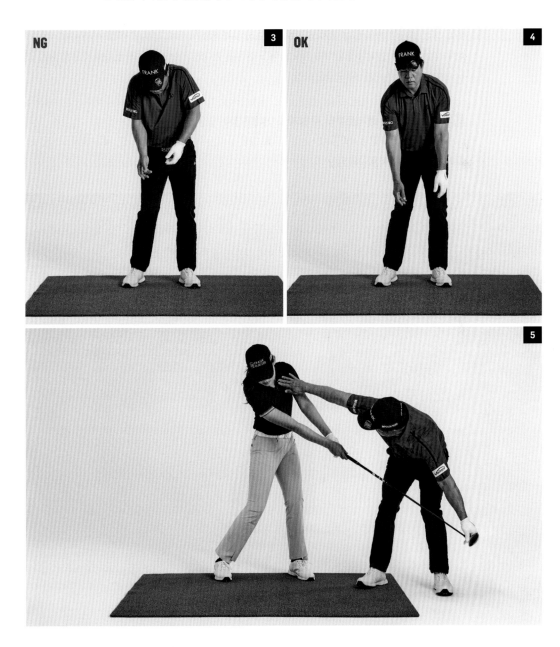

동영상 보기

숏게임, 거리별 꿀팁

숏게임을 잘하면 기본적으로 스코어를 줄일 수 있다. 어프로치, 퍼팅 등은 쉬워 보이지만, 결국 가장 쉬운 기본적인 것들을 잘해야 스코어를 지켜내기 마련이다.

어프로치는 거리별, 위치별 스윙법이 조금씩 다르다. 이것을 인지하고 치는 것과 모르고 치는 것은 정말 많은 차이가 난다. 연습 때에는 자신이 라이를 잘못 봤는지, 백스윙이 부족했는지, 아니면 스윙이 너무 컸는지 등을 정확하게 알아야 하므로 목표 설정을 했다면 자신의 스윙에 믿음을 갖고 망설임 없이 클럽을 휘두르는 것이 매우 중요하다.

어프로치 #1 **그린 에지로부터 세 발자국 이내에 볼이 있는 경우**

그린 에지로부터 세 발자국 이내에서는(사진❶) 볼을 굴리는 어프로치를 한다. 단, 세 발자국 이상인 경우에는 이 방식이 적용되지 않는다.

볼을 굴릴 때는 반드시 볼과의 간격을 가깝게 서고 스탠스의 폭도 좁게 한다(사진❷). 풀스윙을 하는 것이 아니기 때문에 볼에서 멀리 서고 스탠스의 폭도 넓힐 필요가 없다. 볼의 위치는 약간 오른발 쪽에 두고 체중은 왼발에 살짝 둔다(사진❸) 또한 볼과의 간격이 가까운 만큼 손목을 세워야 하는데, 이때 팔 전체를 펴면서 손목을 세우지 않도록 주의한다(사진❹, ❺).

볼에 가깝게 서면 클럽헤드의 힐 부분이 들리고 토
우 부분이 바닥에 더 가까워지는데(사진❻), 그러면
잔디의 저항을 덜 받게 된다. 만약 뒤땅을 치거나 잔
디에 세게 걸려서 클럽헤드가 오른쪽으로 도는 상황
이 발생해도 클럽을 잡고 있는 악력 때문에 돌지 않도
록 버틸 수 있다. 이처럼 혹시 발생할 실수를 방지하
기 위해서라도 이 기술을 구사하는 것이다.

　　볼을 굴릴 때는 퍼팅하듯이 하면 된다. 칩샷을 퍼팅
처럼 한다고 해서 칩퍼트라고도 한다. 이때 주의할 점은 잠재의식 속에 볼을 살짝 띄우려는 의도가 조
금이라도 있으면 안 된다. 클럽헤드가 내려오는 힘으로 볼을 지나치면 되고 클럽 페이스 정중앙으로
맞지 않아도 된다. 힐 쪽이 들리고 토우 쪽이 내려갔기 때문에 클럽 페이스 끝 쪽으로 맞혀도 된다.

　　보통 백스윙 크기가 허리 정도면 20미터를 치고(사진❼), 10미터는 그의 절반 정도 크기로 보면 된
다(사진❽). 대개 10미터 스윙 크기까지는 손목을 사용하지 않는데, 스윙이 그 이상 커지면 손목이 쓰
이면서 조금 다른 동작들이 필요하게 된다.

　　자, 그럼 10미터를 치는 방법은 알겠는데 가령 12미터나 8미터는 어떻게 쳐야 할지 궁금할 것이다.
그것은 스윙의 크기와 볼의 위치를 다르게 하는 것이다. 평소에 본능적으로 10미터를 치는 스윙을 연
습했다고 하자(사진❾). 8미터를 칠 때는 볼의 위치를 왼쪽으로 살짝 바꾸거나(사진❿), 볼의 위치는 그

대로 두고 스윙 크기를 조금 줄인다(사진⑪). 그
런데 이 방법들은 모두 느낌에 따른 것이고 본
인이 살짝살짝 조절하는 것이지, 거리별로 볼을
옮기는 크기나 스윙을 줄이는 크기를 기계처럼
정해놓은 것이 아니다. 11미터, 51미터 등을 치
는 비결은 바로 믿음이다. 스스로 거리가 맞다
고 생각하면서 몸으로 느끼면 스윙의 크기나 속
도 등에 저절로 변화가 생기게 된다. 즉, 변화를
주는 것이 아니라 변화가 생기는 것이다.

아마추어 골퍼들은 프로들이 잘 치는 이유가
거리별 스윙 크기 개념이 머릿속에 모두 정리되
어 있고, 많은 연습을 통해 마치 로봇처럼 정확
하게 친다고 생각한다. 단언컨대 그런 건 없다.

9

10

볼을 약간
왼쪽에 두거나

11

스윙 크기를
줄인다.

10미터를 기준으로, 15미터 거리라면 똑같은 스윙으로 샌드웨지 대신 피칭웨지로 친다. 그리고 15미터보다 조금 더 멀다면 9번 아이언으로 치면 된다. 샌드웨지나 52도 웨지는 런과 캐리가 1:1로 가고, 피칭웨지는 1:2, 9번 아이언은 1:3, 8번 아이언은 1:4 정도 보면 된다. 8번 아이언 정도까지만 알아도 대부분의 상황은 모두 커버가 될 것이다.

그린 주변에서 어프로치를 할 때는 제일 첫 번째가 '굴려라'다. 무조건 낮은 탄도로 굴려야 한다. 물론 그린 주변에서 띄우는 어프로치를 해도 좋다. 다만 나의 지론은 그린 주변에서는 볼이 무조건 낮게 다니는 것이 좋다는 것이다. 그래야 성공 확률도 높고 실수를 줄일 수 있다.

어프로치 #2 그린 에지로부터 세 발자국 이상인 거리에 볼이 있는 경우

그린 에지까지 세 발자국 이상인 상황에서는(사진⑫) 앞쪽 잔디를 맞추고 굴리기가 어렵다. 물론 잔디를 맞출 수는 있지만 볼이 어디로 튈지, 잔디의 저항은 어떤지 알 수 없기 때문에 볼을 그린에 직접 떨어뜨려야 어느 정도의 스핀과 힘으로 볼이 굴러갈지를 예측할 수 있다. 그린 주변 어프로치의 첫 번째 선택은 무조건 굴리는 것이지만, 굴릴 수 없는 상황에서는 띄워야 한다.

볼을 띄워서 굴리는 것이므로 피치 앤 런이라고 한다. 20미터, 30미터는 피치 앤 런이지만 40미터, 50미터, 60미터 등은 볼을 바로 세우는 피치 샷이다. 다시 말해 볼에 강한 스핀을 구사하여 볼을 세우려면 최소 40미터는 되어야 가능하다는 것이다. 물론 20미터, 30미터 거리도 볼을 세울 수는 있지만 이런 경우는 스핀이 아닌 높은 탄도로 인해 볼이 선다고 볼 수 있다. 따라서 이런 상황에서는 스핀을 주되 강한 스핀을 걸기는 힘들기 때문에 탄도 조절을 해야 한다.

이 상황에서는 앞의 상황 때와 달리 백스윙 때 손목을 살짝 꺾어준다(사진⑬). 다만 과하게 꺾지는 않는다. 그리고 다운스윙에서 가장 중요한 것은 손목 각도를 유지하는 것이다(사진⑭, ⑮). 이것이 상당히 어려운데, 적절한 스피드와 다양한 샷을 구사하려면 이 동작을 할 줄 알아야 한다. 손목 각도를 유지해야 하는 이유는 임팩트 때 손목을 가급적 안 쓰기 위해서다. 임팩트 때 손목을 쓰면 미스샷 확률이 높아진다.

그리고 다운스윙에서 또 한 가지 중요한 점은 회전이다. 가슴과 배꼽이 모두 회전해야지, 몸통은 가만히 있고 팔만 움직이면 안 된다(사진⑯).

우리가 웨지의 생김새를 이해하면 공략법을 선택하는 데 많은 도움이 된다. 웨지 아래쪽의 넓게 생긴 부분을 솔이라고 하는데(사진⑰), 넓게 생긴 이유는 클럽헤드가 땅속 깊이 박히지 않고 미끄러지듯 지나가게 하기 위해서다. 볼을 띄운다는 것은 최소한 볼과 바닥(잔디) 사이에 클럽헤드가 지나갈 공간이 있다는 것이다(사진⑱). 그런데 디봇 등 맨땅인 경우에는 볼과 바닥 사이에 클럽헤드가 지나갈 공간이 없다(사진⑲). 그래서 탑볼이 나올 확률이 매우 높다. 이런 경우에는 띄우는 어프

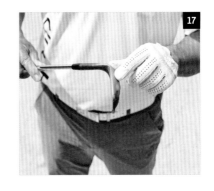

로치보다 차라리 그린까지의 잔디가 불규칙하더라도 굴려서 보내는 것이 낫다. 볼은 오른쪽에, 체중은 완전히 왼발에 두고 리딩 에지가 밑으로 파고 들어갈 수 있도록 로프트를 세워서 쳐야 한다(사진⑳). 같은 거리라도 클럽헤드가 지나갈 공간이 있느냐 없느냐에 따라 띄울지 굴릴지를 판단하고 샷을 선택해야 한다.

일반적으로 라이가 좋은 페어웨이 상황에서는 백스윙과 폴로 스루의 크기가 거의 같으면 거리가 일정하다(사진㉑, ㉒). 잔디의 저항이 거의 없을 때에는 이 방식으로 거리 컨트롤을 한다. 그러므로 평소에 이 연습을 많이 해야 한다.

로프트를 세운다

체중은 왼발에

그런데 이 연습만 해서는 미스샷이 발생할 수 있다. 같은 거리인데 러프인 상황을 보자(사진㉓). 이 경우 평소와 똑같은 크기와 힘으로 치면 클럽헤드가 잔디 저항에 걸려 못 빠져나온다. 이때는 백스윙을 좀 더 높게, 폴로 스루는 짧게 해야 한다(사진㉔, ㉕).

단, 힘의 양은 똑같다. 평소의 스윙 크기(사진❷❻)와 러프에서의 스윙 크기(사진❷❼)는 변함이 없다. 그럼 페어웨이에서도 이렇게 쳐도 될까? 물론 된다. 오히려 스핀량이 더 많고 볼도 더 잘 뜬다. 그래서 페어웨이에서는 두 가지 선택 방법이 있다.

어프로치에도 리듬과 템포가 있다. 리듬은 백스윙과 다운스윙 때의 힘의 크기를 말한다. 따라서 백스윙과 다운스윙 때 힘이 같으면 리듬이 좋은 것이다. 템포란 백스윙부터 폴로 스루까지 걸리는 총 시간을 말하는데, 템포는 사람마다 빠르기도, 느리기도 하다. 템포가 빨라도 리듬이 좋을 수 있고, 템포가 느려도 리듬이 좋을 수 있다. 템포에 관계없이 백스윙과 다운스윙 때 힘의 크기만 같으면 되기 때문이다. 똑같은 힘으로 백스윙 때는 중력을 거슬러 올라가지만, 다운스윙 때는 중력의 도움을 받아 떨어지므로 가속이 살짝 붙는다. 따라서 다운스윙 때 인위적으로 가속을 할 필요가 없다.

· Talgol Swing ·

**나병관 프로의
골프 멘탈 챙기기**

#09

운으로 스코어가 잘 나오길 바라지 마라. 매 홀마다의 작은 선택이 모여 경기 전체가 완성된다. 클럽을 잘못 선택했는데 그냥 치거나, 긴장이 많이 되는데 호흡에 신경 쓰지 않거나, 어떻게 공략해야 할지 고민하지 않은 상태에서 대충 친다면 만족할 만한 결과를 기대할 수 없다. 이제부터 올바른 길로 갈 수 있도록 선택의 순간마다 스스로 냉정해지길 바란다.

동영상 보기

탈골되기 위한 연습 방법

아마추어 골퍼들이 흔히 범하는 실수 중에 하나가 임팩트 구간에서 힘을 더해주려는 것이다. 그러면 힘의 최대는 임팩트 구간이 아닌 임팩트 이후 구간에서 발생한다. 릴리스는 아이언과 드라이버를 칠 때 꼭 필요한 동작이다. 힘을 임팩트 구간에서 사용하려고 하면 타이밍은 이미 늦기 때문에 방향 전환 때 힘의 사용을 끝마쳐야 한다. 그 이후에는 릴리스와 로테이션을 통해 클럽이 가는 길에 볼이 정타로 맞을 수 있도록 올바른 길을 만들어 주기만 하면 되는 것이다. 임팩트가 이루어지는 찰나에는 몸에 힘이 전부 빠져서 마치 팔이 클럽에 매달려서 빠져나가는 듯한 느낌이 들어야 탈골 스윙의 맛을 느꼈다고 할 수 있다.

방향 전환 동작에서 힘을 사용한다는 것이 어떤 느낌이냐면 방향 전환 후 바로 클럽을 풀면서 와야 한다(사진❶). 이 단계에서 힘을 쓰는 것이다. 여기서 이해를 잘해야 한다. 방향 전환 직후 손목을 다 풀고 클럽을 던지면서 오는 것이 아니다(사진❷).

빈 스윙을 하면서 클럽을 뿌려주는 느낌을 느껴보자. 양발을 모으고 하면 더욱 효과적이다. 손목과 어깨에 힘을 빼고 백스윙을 한 다음 다운스윙으로 전환하는 그 순간에 '땅'하고 클럽을 풀어버리자(사진❸). 나머지 구간에서는 클럽이 그냥 가버리는 것이다(사진❹).

이번에는 클럽을 거꾸로 잡고 빈 스윙을 해보자. 백스윙을 하고 피니시까지 힘을 빼고 한 번에 뿌려준다(사진❺, ❻) 클럽을 거꾸로 잡으면 샤프트가 가늘기 때문에 손안에서 놀 것이다. 이것이 정상이다. 그립을 가볍게 잡아야 스피드가 더 나기 때문에 클럽을 거꾸로 잡고 연습하면 그립을 가볍게 잡고 스윙하는 감각도 느끼게 된다. 그리고 스윙 아크는 크게 해준다. 이 연습으로 7번 아이언 한 가지를 잘 치려는 것이 아니라 아크가 가장 큰 드라이버까지 잘 치려고 하는 것이다. 짧은 클럽도 아크를 크게 연습하는 습관을 들이면 똑같은 한 가지 스윙으로 드라이버부터 웨지까지 모두 치는 것이다.

클럽을 똑바로 잡고 연습한 느낌으로 스윙해 보자. 몸에 힘을 빼고 클럽헤드 무게에 집중하면서 스윙해 보면 클럽헤드가 팔을 당기면서 팔이 쭉 뻗어지는 느낌이 드는 순간이 생길 것이다(사진❼). 그립을 잡고 있는 상태에서 클럽헤드를 당기면 팔이 당겨지는 느낌, 바로 그 느낌이다(사진❽). 이 느낌이 드는 순간이 한 번은 있다. 그 느낌대로 던져주면 이후에는 그냥 따라가는 것이다. 이 느낌을 기억하면서 빈 스윙 연습을 해보자. 몇 차례 빈 스윙 연습을 하고 볼을 쳐보자.

임팩트 후에는 팔을 교차시킨다고 생각하자(사진❾). 이것이 로테이션이다. 볼은 안 맞아도 상관없으니 로테이션 동작에 집중하면서 스윙해 보자. 팔이 교차될 때 왼손 엄지가 하늘을 가리키도록 교차시킨다(사진❿). 그리고 로테이션을 할 때에는 손을 과감하게 회전시키자. 그런데 아마추어 골퍼의 경우, 이렇게 로테이션을 하면 볼 방향이 난사될 것 같은 불안감이 들 것이다. 클럽 페이스가 볼에 스퀘어로 접근해서 임팩트가 이루어지고 다시 스퀘어로 지나가야 볼이 똑바로 날아갈 거라는 느낌 때문이다. 그래서 아마추어 골퍼들은 로테이션 동작 없이 클럽 페이스 방향을 스퀘어로 맞추면서 볼을 치는 경향이 강하다. 하지만 이것은 가장 먼저 없애야 할 동작이자 고정관념이다.

볼을 칠 때 중요한 것은 손목을 털어주는 동작이다. 볼을 치기 직전에 손목을 '탁' 털어줘야 클럽헤드에 원심력이 강하게 생긴다. 이것이 릴리스 동작이다. 그동안 임팩트 순간에 힘을 쓰는 습관이 있었다면 손목을 터는 동작이 바로 되지는 않는다.

빨랫줄에 이불이 걸려 있다고 상상해 보자. 스틱으로 빨랫줄에 걸린 이불을 턴다고 상상할 때 어떻게 털까? 아마도 손목을 자연스럽게 털면서 이불을 털지(사진⑪), 스틱에 힘을 주면서 이불을 밀어내듯 털지는 않을 것이다(사진⑫). 즉, 손목을 '탁' 풀어주고 나서 힘이 빠져야 한다. 스틱을 들고 이불 터는 동작을 연습해 보자. 손목을 '탁' 풀어 이불을 때리고 손을 빼보자. 스틱은 가볍기 때문에 휘었다가 다시 제자리로 돌아온다. 이 연습을 하고 나서 클럽으로 스윙해 보자. 다만 클럽은 헤드 무게가 있기 때문에 스틱처럼 돌아오지 못하고 지나간다. 따라서 손목을 풀면서 '탕' 치면 클럽헤드 무게 때문에 팔이 딸려가게 된다.

볼에 힘 전달을 하려면 임팩트 순간 힘을 더하는 것이 아니라 오히려 힘이 빠져야 한다. 이 느낌을 익히는 데에는 '치고 돌아오기' 연습이 효과적이다. 이것이 릴리스다. 스윙하고 다시 돌아오려면 임팩트 후에 힘을 완전히 놓아야 가능하다. 온몸에 힘을 빼고 스윙하고 돌아오기를 반복해 보자(사진⓭, ⓮). 이 연습을 하면 볼을 치면서 힘으로 클럽헤드를 몰고 가려는 습관을 고치는 데 매우 효과적이다. 이렇게 릴리스 연습을 하고 드라이버로 스윙해 보자. 드라이버로 스윙해도 똑같다는 것을 느낄 것이다. 즉, 스윙은 모두 똑같다.

힘을 완전히 놓는다.

갈수록 줄어드는 거리 되살리기

동영상 보기

거리가 안 나는 데에는 여러 가지 원인이 있는데, 헤드 스피드가 가장 빠른 구간이 임팩트 순간이 아닌 그 전 혹은 그 후인 경우에도 거리가 안 난다. 임팩트 전에 이미 손목이 다 풀려서 팔과 클럽이 거의 일자를 이루면 그 순간이 헤드 스피드가 최고라는 의미다(사진❶). 그러면 임팩트 때는 손은 뒤에, 클럽헤드는 더 앞에 있어 볼을 걷어 올리게 된다(사진❷). 그다음 폴로 스루 동작에서 로테이션 동작도 되지 않는다(사진❸). 그저 클럽 페이스로 볼을 똑바로 보내기 위해 보잉 동작이나 로테이션은 생략되고 어프로치나 퍼터를 할 때처럼 스윙한 경우가 대표적이다.

자신에게 이러한 문제점이 있다면, 그동안 가지고 있던 지식과 편견을 버리고 처음부터 다시 시작한다는 마음으로 생전 처음 해보는 동작을 시도함으로써 자신의 스윙 틀에서 벗어나야 한다. 나 역시 골프를 배울 때 손목 코킹을 오래 유지하려면 손을 최대한 끌고 내려와서 치라는 말을 많이 들어봤다. 그런데 손을 끌고 내려오려면 손에 힘이 들어가고, 마지막에는 손을 풀어줘야 하는데 힘이 들어가다 보니 타이밍도 안 맞아 볼이 잘 안 맞는 경험을 많이 했다. 도대체 왜 손을 끌고 내려와야 하는지 이해를 못했다. 하지만 결국에는 손은 끌고 내려오는 것이 아니라, 팔을 부드럽게 하고 클럽을 돌려주는 로테이션 동작을 하면 클럽이 자연스럽게 끌려 내려온다는 것을 깨달았다.

먼저 백스윙 톱에서(사진④) 어깨를 턱에서 분리시켜 보자(사진⑤). 볼을 치려고 덤비지 말고 팔을 밑으로 '툭' 떨어뜨리면서 어깨를 분리시킨다. 코킹을 유지한다는 생각은 하지 말고, 어깨에 힘을 빼고 턱에서 분리시킨 다음 나머지 구간은 평소처럼 그냥 스윙한다. 임팩트는 조절할 수 없기 때문에 언제 맞았는지 모른다. 이 연습을 처음 하면 볼이 잘 안 맞는다. 일단 볼을 맞히는 것이 중요한 게 아니라 구분 동작의 느낌을 익히는 것이 중요하다. 이렇게 연습하고 영상을 찍어보면 클럽이 저절로 끌려 내려오는 것을 확인할 수 있다(사진⑥).

볼을 때릴 때는 클럽 페이스를 컨트롤해야 한다. 즉, 볼을 맞힐 때 클럽 페이스를 닫아 치는 능력이 있어야 한다. 올바른 클럽 페이스의 방향은, 똑바로 서서 클럽을 앞으로 들어 올리면 클럽 페이스가 스퀘어 상태고(사진❼), 그대로 오른쪽으로 회전하면 역시 스퀘어 상태다(사진❽). 그 상태에서 앞으로 숙이면 올바른 클럽 페이스의 모양이 나온다(사진❾).

그 모양에서 내려와서 클럽 페이스가 닫히면서 볼을 맞히고 로테이션 되는 컨트롤 능력이 필요하다(사진❿, ⓫, ⓬). 여기에 손이 내려오면서 손목을 약간 감아주는 보잉 동작까지 더해지면 스윙 스피드는 배가 된다(사진⓭).

연습장에 가서 일주일이고 한 달이고 손을 돌리는 로테이션 동작만 빈 스윙으로 휘둘러 보자. 볼을 맞히는 데 초점을 두지 말고 구분 동작을 익히는 데 애써라. 그러면 어느 순간 눈에 띄게 달라진 스윙 폼과 향상된 스윙 스피드를 느낄 것이다. 그리고 그 단계가 되면 전혀 다른 세상에서 볼을 치게 된다. 만약 애쓰기 없이 볼을 맞히는 데 급급하면 다시 원래 폼으로 칠 것이고 결국 변화란 있을 수 없다는 것을 명심하자.

동영상 보기

롱아이언, 우드, 드라이버가 안 맞는 이유

보통 숏아이언, 미들 아이언은 잘 맞는데 롱아이언, 우드, 드라이버 등 긴 클럽이 안 맞는다는 골퍼들을 보면 백스윙부터 잘못된 경우가 많다. 이런 골퍼들은 백스윙 때 대부분 골반이 오른쪽으로 밀려서 오른쪽 골반이 위로 올라가고, 몸이 반대쪽으로 뒤집히는 리버스 피봇인 경우가 많다(사진❶).

올바른 백스윙의 느낌을 알아보자. 먼저 양손을 가슴에 올려 스틱을 끼우고 앞으로 살짝 숙인다(사진❷). 그다음 스틱 아랫부분이 왼쪽 종아리에 닿을 정도까지 왼쪽 골반을 기울인다(사진❸). 이것이 올바른 기울기다. 그립을 잡을 때 오른손이 아래쪽에 위치하기 때문에 어깨는 자연스레 오른쪽으로 기울게 된다. 이때 골반을 살짝 움직여 왼쪽 골반이 약간 높다고 생각하면서 어깨가 기울면 자연스러운 자세가 만들어지는데(사진❹), 골반은 움직이지 않고 어깨만 기울면 상체 오른쪽 부분이 찌그러지는 불편한 자세가 만들어진다(사진❺). 불편한 자세에서는 좋은 스윙이 나올 수 없다.

NG
1

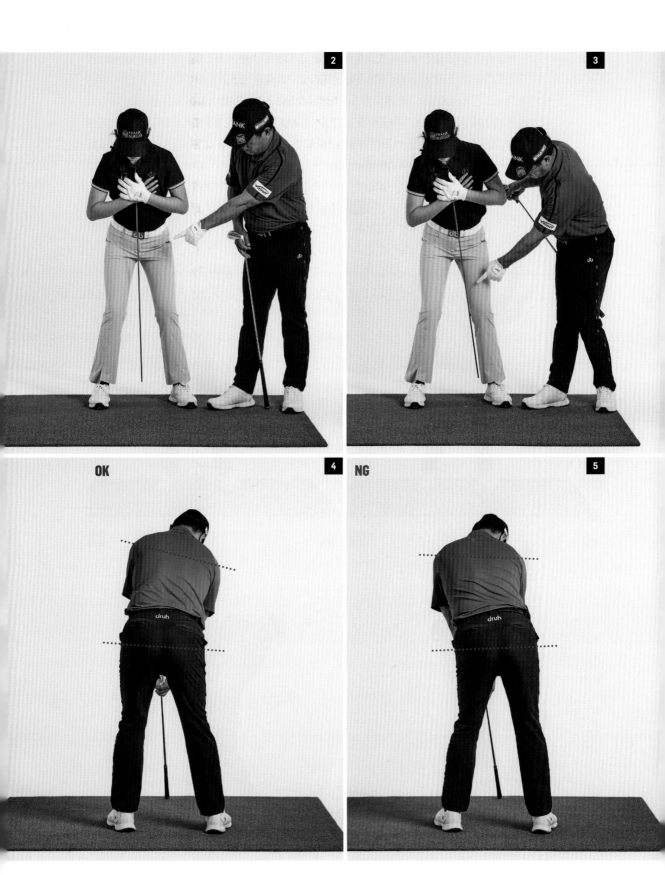

이렇게 어드레스를 한 상태에서 척추 기울기는 그대로 유지하면서 백스윙을 해야 한다(사진⑥). 올바른 회전을 하기 위해서는 척추각에 골반을 고정하고 그 축을 기준으로 돌아야 한다. 그러면 다운스윙 때 손도 잘 떨어지고 턱과 어깨도 잘 분리되면서 체중도 왼쪽으로 잘 이동된다(사진⑦). 그런데 클럽을 똑바로 빼는 과정에서 오른쪽 골반이 밀리면 척추 기울기가 반대로 기울면서 체중이 왼쪽으로 쏠린다(사진⑧). 그 상태에서 다운스윙 때 체중이 왼쪽으로 가면 몸이 넘어질 것 같으므로 본능적으로 중심을 잡기 위해 몸은 반대쪽으로 기운다(사진⑨).

백스윙을 했을 때 척추각에 드라이버나 스틱을 대보면 올바른 기울기와(사진⑩) 잘못된 기울기를 확실히 알 수 있다(사진⑪). 그리고 백스윙 때 그립 끝이 가리키는 방향을 확실히 알 수 있다. 백스윙을 올바르게 하면 그립 끝이 볼의 오른쪽을 가리키고 왼쪽 어깨도 볼 뒤쪽에 위치한다(사진⑫). 반면에 백스윙을 잘못하면 그립 끝이 볼의 왼쪽을 향하고 왼쪽 어깨도 볼 앞쪽에 있다(사진⑬). 즉, 본인은 회전했다고 생각하지만 실제로 회전은 거의 되지 않은 것이다. 이 동작은 쉽지 않으므로 집이나 연습장에서 자신의 모습을 거울로 보며 꾸준히 연습하길 바란다.

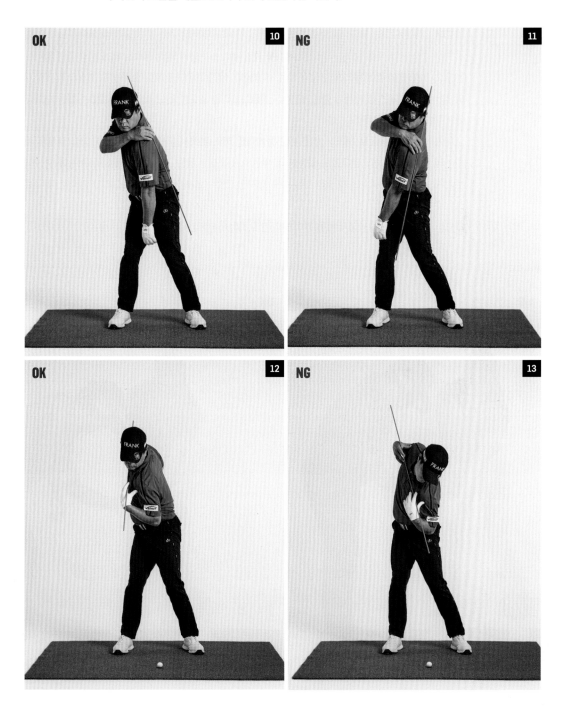

동영상 보기

걷어 올리는 스윙 교정하기

어드레스 때 핸드 퍼스트를 하라는 말을 들어 봤을 것이다. 맞는 말이나, 손이 왼쪽 허벅지를 넘지 않도록 해야 한다. 허벅지를 넘어가게 되면(사진❶) 클럽 페이스가 닫혀 버려 임팩트 때 오히려 클럽 페이스를 열기 위해 볼을 걷어 올리는 보상 동작을 하게 된다. 클럽 고유의 로프트대로 놓고 그 상태에서 잡아야 올바른 핸드 퍼스트 자세가 만들어진다(사진❷). 그러면 과도한 핸드 퍼스트 자세를 취했을 때보다 볼의 탄도가 높게 형성된다.

여기에 프로를 목표로 하거나 수준 높은 플레이를 하기 위해서는 볼을 디로프트로 때릴 줄 알아야 하는데, 흔히 볼을 눌러 친다고도 표현한다. 우선 어드레스는 클럽 고유의 로프트대로 서는데 자신이 보기에는 언뜻 클럽 페이스가 열려 보일 수도 있지만 그것이 스퀘어다(사진❸). 그리고 임팩트 때 디로프트로 치면(사진❹) 스윙 과정 속에 로테이션과 릴리스가 들어가면서 스피드가 더 빨라진다. 그러나 과도한 핸드 퍼스트 자세에서 볼을 걷어 올리면 오히려 스피드는 줄어든다.

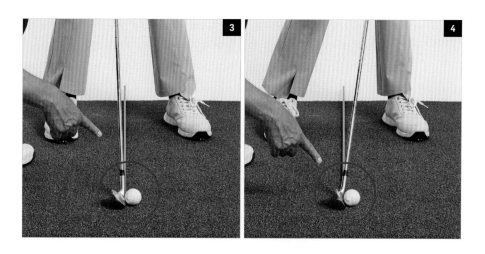

우리가 클럽을 걷어 올리는 이유 중 또 하나는 내려찍는 것에 대한 심리적 두려움 때문이다. 우리는 바닥을 쳐도 볼이 뜬다는 사실을 이해해야 한다. 오른발을 뒤로 빼고 뒤꿈치를 들어 균형을 잡고 체중을 왼발에 전부 실어보자. 그리고 볼은 왼발 쪽에 두고 몸에 힘을 빼고 아이언을 바닥에 찍는 연습을 해보자(사진❺, ❻, ❼). 만약 평소처럼 볼을 걷어 올리면 오른발에 힘이 없기 때문에 균형을 잃고 몸이 휘청거릴 것이다. 볼이 계속 눌려 맞지 않으면 볼을 치지 말고 클럽으로 바닥을 치는 연습부터 해도 좋다. 바닥을 칠 때는 '탕', '탕' 소리가 확실히 나도록 쳐준다.

오른발은
뒤로

체중은
왼발 쪽에

볼을 칠 때는 사진에 보이는 스틱의 각도를 따라 클럽이 들어간다고 상상하면서 쳐보자(사진❽). 그리고 또 한 가지 중요한 점은, 볼을 칠 때 오른쪽 어깨가 들어가야 다운 블로우가 된다는 점이다(사진❾). 어깨가 들어갈 때 엎어 들어가면 안 되고(사진❿), 그대로 떨어지면서 들어가야 한다(사진⓫).

처음에는 계속 막판에 걷어 올리는 경우가 많을 것이다. 여전히 자신의 내면 속에 볼을 걷어 올리던 습성과 내려치는 것에 대한 두려움, 불안감이 자리 잡고 있기 때문이다. 이 연습을 통해 이런 것들을 모두 극복해 나가야 한다. 이 연습을 하면 스윙의 수준이 한 단계 높아질 것이다.

그렇다고 모든 샷을 항상 눌러 치는 것은 아니다. 쓸어도 치고, 걷어도 치고, 눌러도 치고, 많이 눌러도 치고, 살짝 눌러도 치고, 많이 띄우기도 하고, 적게 띄우기도 하고, 오른쪽으로 때론 왼쪽으로 휘게 치기도 한다. 필드에서 자신의 볼이 잔디에 떠 있는지, 잔디와 볼 사이에 공간이 얼마나 있는지에 따라 샷은 달라진다. 잔디가 길면 볼을 쓸어치고 공간이 적으면 눌러 친다. 특히 조선잔디에서 눌러 치면 오히려 스핀도 잘 안 걸리고 플라이어가 생기기도 한다. 다만 눌러 치는 능력이 있는데 쓸어칠 줄 아는 것과 쓸어칠 줄만 아는 것은 수준이 다른 것이다.

228

동영상 보기

드라이버 헤드에 힘 전달이 안 될 때

필드만 나가면 볼이 똑바로 안 가고 자꾸 방향이 틀어지는 답답한 경우가 많을 것이다. 내 몸의 회전이 올바르게 되지 않았거나, 혹은 로테이션 타이밍을 잡지 못하고 손목으로 볼을 걷어 올리는 등 여러 가지 이유가 있지만, 자신의 스윙을 온전히 믿지 못해서 생기는 불안감 때문에도 흔히 발생한다.

드라이버는 볼의 위치가 왼발 뒤꿈치 라인 정도인데, 몸의 회전 중심이 어디냐에 따라 볼의 구질과 파워는 완전히 달라진다. 볼이 왼쪽에 있다고 해서 몸이 볼 쪽으로 따라가면서 회전하면 회전축이 왼쪽이 되므로 몸이 튀어 나간다(사진❶). 드라이버는 볼보다 뒤에서 던진다고 생각해야 한다. 그래야 클럽을 던질 수 있다. 회전축을 오른쪽 가슴을 기준으로 하고 볼 뒤쪽에서 회전이 끝나야 한다(사진❷). 다시 한번 말하지만 볼 쪽으로 따라가면서 회전하는 것이 아니라 볼 뒤쪽에서 회전해야 한다.

스윙 중에 클럽헤드를 던진다고 손을 뻗거나 손끝으로 던지면 안 된다. 클럽이 내려오는 과정에 클럽을 풀어주면 클럽헤드가 던져진다. 그리고 손목이 부드러워야 클럽이 풀린다. 그런데 힘으로 던지면 클럽의 자연스러운 흐름을 본인 손으로 방해하는 것이다.

나는 아이언이든 드라이버든 볼을 칠 때 볼이 '떠오른다'고 생각하지 않는다. 가장 좋아하는 표현은 '솟아오른다'이다. 클럽 페이스가 볼 밑으로 들어가 볼을 밀어 올리면 볼은 떠오른다. 반면에 클럽 페이스로 볼을 눌러 치면 볼은 솟아오른다. '떠오른다'는 뭔가 부드럽게 걷어 올린다는 느낌이라면, '솟아오른다'는 뭔가 강한 압력을 가한 결과 힘차게 튀어 나가는 느낌이다. 따라서 드라이버가 상향타격이라 하더라도 볼을 걷어 올리면 안 된다. 표현은 상향타격한다고 하지만 볼이 맞을 때는 솟아올라야 한다. 그래서 볼 뒤쪽에서 회전을 끝내면서 클럽헤드를 던져주는 것이다.

연습을 정말 열심히 하는데 필드에서 실력이 나오지 않는다고 해도 좌절하지 말고 연습장에 나가는 것이 실력을 쌓는 데 있어서 매우 중요한 자세다.

동영상 보기

긴 클럽만 유독 안 맞는
잘못된 습관

짧은 클럽은 꽤 잘 맞는데 유독 롱아이언 이상의 긴 클럽이 잘 안 맞아서 고민인 골퍼들이 많다. 보통 두 가지 문제가 가장 흔한데, 하나는 슬라이스고 또 하나는 거리가 안 나는 것이다.

보통 슬라이스가 잡히지 않아 고생하는 골퍼들은 어드레스 때 클럽 페이스를 닫고 정렬하는 경우가 많다(사진❶). 피칭이나 미들 아이언은 클럽 페이스가 조금 닫혀 맞아도 로프트가 크기 때문에 볼이 적당히 뜨지만 롱아이언은 잘 안 뜬다. 그러다 보니 임팩트 순간에 닫힌 클럽 페이스를 본능적으로 열다가 탑볼이나 뒤땅 실수를 자주 범한다. 차라리 롱아이언도 어드레스 때 클럽 페이스를 조금 열고(사진❷), 임팩트 순간에 닫힌다고 생각하면서 치는 것이 효과적이다. 임팩트 순간에 클럽의 토우 부분이 빨리 돌아간다는 이미지를 갖고 쳐보자. 그렇게 쳐야 비로소 손목이 제대로 회전하면서 로테이션과 릴리스가 된다. 단, 스윙 궤도가 엎어 치는 아웃인 궤도라면 이 방식은 맞지 않는다.

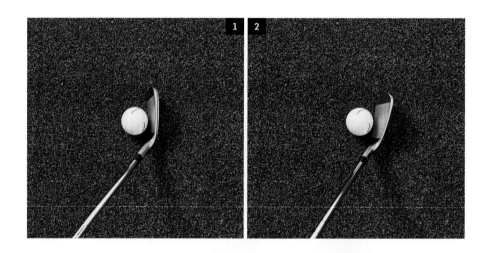

롱아이언이나 드라이버의 거리가 잘 안 나는 큰 이유 중 하나가 바로 하체 스웨이다. 백스윙 때 하체가 오른쪽으로 짝다리를 짚듯이 체중이동이 된다면 잘못된 것이다. 이렇게 되면 회전과 꼬임을 이용하지 못하고 오직 반동만을 이용하게 된다. 물론 반동을 이용하는 것은 맞으나 회전을 이용하지 못하면 임팩트 때 힘 손실이 발생한다. 오른발 쪽에 클럽이나 스틱을 세우고 백스윙을 했을 때 오른쪽 골반이 클럽을 벗어나면 스웨이가 되는 것이다(사진❸). 올바른 백스윙은 오른쪽 무릎을 기준으로 오른쪽 골반이 클럽에서 조금 멀어지게 회전하는 것이다(사진❹). 그렇다고 몸 전체가 회전하는 것은 아니고(사진❺), 상체가 회전하는 느낌이 맞다. 백스윙을 올바르게 하면 몸의 오른쪽 부분이 아코디언처럼 '쭉' 늘어난다(사진❻). 꼬임이 좋아야 클럽을 부드럽게 잡아도 클럽헤드에 체중이 잘 실리고 헤드도 잘 떨어진다.

백스윙을 했을 때 스웨이가 되면 오른쪽 골반이 오른쪽으로 밀리는 동작이 편하겠지만(사진❼), 이 것을 교정하려면 백스윙을 하면서 체중이 반대로 가는 느낌이 들어야 한다(사진❽). 그리고 어드레스 때도 오른쪽에 체중이 살짝 실려 있던 느낌의 자세에서(사진❾) 왼쪽에 약간 실리는 느낌으로 바꿔준 다(사진❿). 겉에서 보기에 심하게 왼쪽으로 쏠리는 자세가 아니라 본인의 느낌상 왼쪽에 살짝 실리는 느낌이면 충분하다.

올바른 어드레스 자세를 체크하려면 어드레스 자세에서 양발 끝에 클럽이나 스틱을 하나 놓고, 다른 클럽으로 양 무릎, 골반, 가슴에 대보면서 평행이 제대로 됐는지를 확인해 보자(사진⓫, ⓬). 기존의 자 세라면 몸이 살짝 왼쪽으로 틀어졌을 것이다. 몸이 틀어졌다면 평행을 맞춰서 어드레스 자세를 수정한 다. 처음에는 자세가 매우 어색하겠지만 어색함이 편안함이 될 때까지 연습해야 한다.

체중은 왼발
쪽에 살짝

자, 드라이버를 잘 치고 싶다면 클럽을 휘두를 줄 알아야 한다. 어차피 볼은 똑바로 안 간다는 사실에도 불구하고 방향을 컨트롤하려고 볼을 잘 맞히려다 보니 힘을 전혀 쓸 수 없는 스윙을 하게 된다. 즉, 볼을 똑바로 보내려고 백스윙 때는 몸이 오른쪽으로 갔다가 볼을 칠 때는 왼쪽으로 가면서 치다 보니 파워가 안 실리는 것이다. 상체를 꼬면서 팔은 들어주고 그냥 휘두르자. 다만 휘두르면서 볼을 맞히는 타이밍은 계속 연구하고 연습해야 하는 부분이다.

드라이버를 휘두르는 연습을 해보자. 앞에서 설명한 백스윙 자세로 백스윙을 한다(사진⑬). 그렇게 자세를 취하면 상체가 오른쪽으로 완전히 기울어져 볼을 못 칠 것 같은 느낌이 들 것이다. 이렇게 하는 이유는 스웨이의 정반대 동작의 느낌을 몸에 익히기 위해서다. 교정과 연습은 조금 과장된 동작으로 하는 것이 좋다. 그 자세에서 몸은 그대로 두고 팔에 힘을 빼고 팔만 내려 가볍게 '툭' 쳐보자(사진⑭). 마치 야구 스윙과 흡사한 느낌이다. 그러면 아마 구질이 드로우로 바뀔 것이다. 그리고 이렇게 칠 때의 좋은 점은 팔의 스피드로 마음껏 세게 휘두를 수 있다는 점이다. 손목도 마음대로 쓸 수 있다.

#10

결과에 연연하면 골프 자체를 즐길 수 없다. 성적에 대한 부담을 갖는다고 결과가 좋아진다는 보장도 없다. 오히려 게임이 안 풀릴 때 체념한 듯이 플레이할 경우 놀라운 결과가 나오기도 한다. 스코어에 대한 걱정은 아무런 도움이 되지 않는다. 걱정을 버려야 골프 자체를 즐길 수 있는 마음의 여유가 생긴다. 동반자들과 담소도 나누고, 골프장 풍경도 바라보면서 골프를 즐겨보자. 그러면 마음도 편해지고 스스로 깜짝 놀랄 만한 훌륭한 스코어도 얻게 될 것이다.

오랜 구력에도
드라이버 비거리가 짧다면

동영상 보기

시원하게 쭉쭉 뻗어나가는 드라이버 샷은 모든 골퍼들의 꿈이다. 구력은 오래됐는데 드라이버 비거리가 좀처럼 늘지 않는데는 여러 가지 이유가 있지만, 가장 큰 이유는 손목이 빨리 풀려서 헤드 스피드가 가장 빠른 구간이 임팩트 구간이 아닌 그 전이기 때문이다.

아래 사진을 보면 임팩트 구간 이전에 손목이 이미 다 펴진 것을 볼 수 있다(사진❶). 이것은 다음 사진에서 보이는 것처럼 노란 동그라미 구간에서 헤드 스피드가 가장 빠르다는 뜻이다(사진❷). 이 구간에서 손목이 풀리면서 클럽의 바람 소리가 나는 것이다. 우리는 손목이 풀리는 구간을 통째로 임팩트 직전 구간으로 옮겨서 그곳에서 헤드 스피드를 최대로 내야 한다(사진❸). 그러면 비거리가 바로 20미터는 늘어난다.

그런데 손목이 풀리는 구간을 저렇게 옮기면 이전에 비해 클럽 페이스가 열려서 슬라이스가 날 것 같은 느낌이 들 것이다. 이것은 손목의 보잉 동작(힌지 동작이라고도 할 수 있음)으로 방지할 수 있다. 보잉 동작이란 손이 내려올 때 손목을 약간 감는 동작을 말하는데(사진❹, ❺), 보잉 동작을 하면 클럽 페이스가 닫히게 된다. 골프의 로테이션 구간에서는 손목의 미세한 보잉 동작이 있어야 한다.

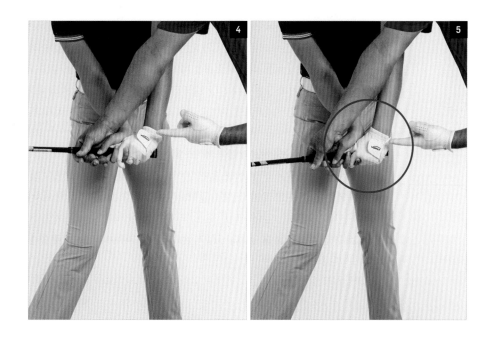

만약 보잉 동작이 없으면 클럽 페이스가 스퀘어로 들어와서 스퀘어로 치는 스윙이 되기 때문에 손목이 일찍 풀린다(사진❻). 반면에 보잉 동작이 있으면 손목 코킹이 유지되면서 충분히 들어와서 임팩트 직전에 클럽 페이스가 닫힌다(사진❼). 그렇게 닫히는 과정 속에 임팩트가 이루어진다.

그런데 클럽 페이스가 닫히면 볼이 왼쪽으로 갈 것 같은 느낌이 들 것이다. 그 느낌이 맞다. 많이 닫히면 왼쪽, 적당히 닫히면 똑바로, 덜 닫히면 오른쪽으로 간다. 그것은 모든 골퍼들에게 마찬가지다. 그런데 그것이 두려워서 손목을 미리 펴고 클럽 페이스를 스퀘어로 내려온들, 볼이 똑바로 간다는 보장도 없다. 그렇게 쳐도 왼쪽, 오른쪽 다 간다. 결국 다 똑같은 것이다. 보잉 동작을 위한 적당한 타이밍을 찾는데 고충은 있겠지만 이 동작으로 하여금 헤드 스피드가 훨씬 빨라지고 비거리도 늘어난다면 당연히 연습해야 한다.

클럽은 클럽 페이스 모양 때문에 클럽 페이스를 스퀘어로 쳐야 한다는 강박관념이 생길 수 있다. 반면에 야구방망이나 스틱은 클럽 페이스 같은 면이 없기 때문에 로테이션 연습을 하는 데 최적의 도구다. 야구방망이나 스틱으로 로테이션 연습을 해보자. 힘을 빼고 스틱을 휘둘러 보자(사진❽). 이렇게 휘두르는데 손목이 회전하는 감을 제대로 못 느낀다면, 양손을 베이스볼 그립처럼 잡고 휘둘러 보자(사진❾). 그러면 감이 훨씬 잘 올 것이다. 이렇게 손의 감각을 익혀보자. 스틱으로 연습한 후에 클럽을 똑같이 잡고 휘둘러 보자.

채가 빨리 풀리지 않기 위해 많은 사람들이 손으로 클럽을 끌고 와야 한다고 생각하는데(사진❿) 그 것은 아니다. 이렇게 하면 손과 몸 사이의 간격이 좁아지면서 과도하게 찍혀 맞는다. 손과 몸의 간격을 유지하면서 샤프트가 늦게 와야 하고 아크를 크게 그리면서 뿌리는 것이다(사진⓫). 이것이 올바른 래 깅 동작이다. 또한 올바른 수직하강이고, 어깨와 턱을 분리시키는 동작이다.

회전할 때 올바른 척추각은 가운데를 기준으로(사진⓬) 약간 사선 방향으로 회전해야 한다(사진⓭). 즉, 어드레스 때 척추각 그대로 회전해야 한다. 한 가지 팁을 주자면, 회전할 때 배꼽이 하늘이 아닌 바 닥을 향하는 느낌이다(사진⓮). 그런데 회전할 때 골반이 밀리면 상체가 뒤집히는데(사진⓯), 가운데를 기준으로 회전하는 것처럼 생각되지만 이것은 회전이 아니라 상체가 뒤집힌 것이므로 주의해야 한다. 생각보다 많은 아마추어 골퍼들이 이런 식으로 회전하고 있다.

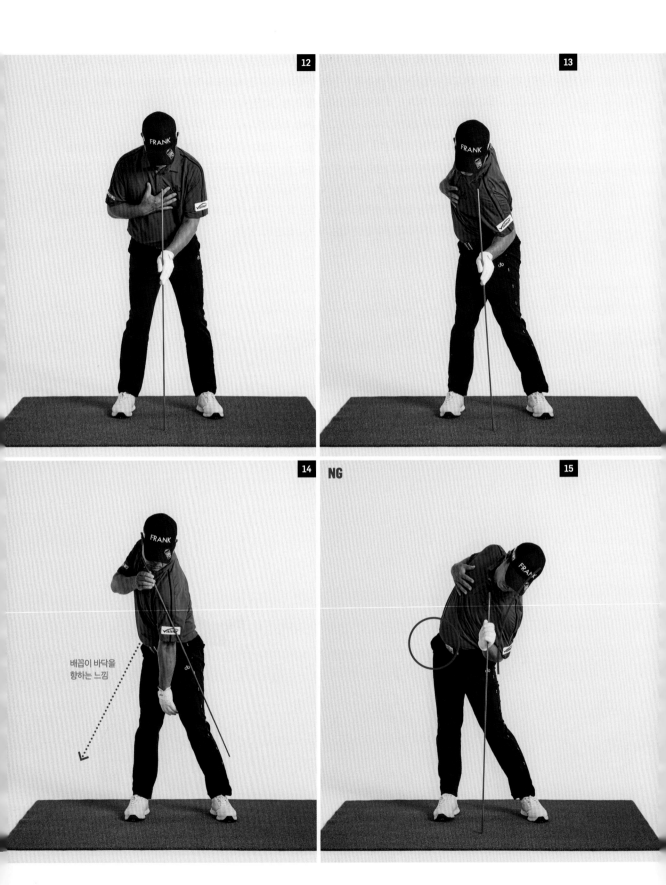

배꼽이 바닥을
향하는 느낌

클럽이 빨리 풀리는 요인 중 또 하나가 얼리 익스텐션이다(사진⑯). 이 동작으로 인해 손목도 빨리 풀리고 뒤땅이나 탑볼도 자주 발생한다. 이 동작은 교정이 상당히 힘들기 때문에 많은 연습이 필요하다. 교정 연습은 아이언으로 한다. 아이언을 잡고 어드레스를 하자. 스탠스는 좁히고 그립은 최대한 짧게 잡고 볼에 가깝게 선다(사진⑰). 그러면 자세가 더 구부려진다. 이 상태에서 백스윙을 한다(사진⑱). 볼을 가볍게 치고 나서 팔만 접어주고, 머리도 너무 아래를 보려고 고정하지 말고 자연스럽게 돌려준다(사진⑲). 그리고 뒤에서 봤을 때 엉덩이가 모두 보여야 한다. 그러면 왼쪽 골반 쪽에 뭔가 걸리는 느낌이 든다. 마치 짝다리를 짚은 느낌일 것이다. 이 훈련을 통해 임팩트 때 일어서지 않는 감각을 몸에 익힐 수 있다. 익스텐션은 하는 것이지만 일찍만 하지 않으면 된다. 임팩트까지는 유지하고 그다음 익스텐션 하면 된다. 그래야 파워도 늘고 몸도 다치지 않는다.

여성 골퍼에게서 많이 보이는 자세 중에 S 포스처라는 것이 있다. 어드레스를 섰을 때 허리 쪽이 들어가서 자세가 S자 모양처럼 생긴 것을 말한다(사진⑳). 이 자세를 취하면 배치기를 해서 얼리 익스텐션이 발생할 수밖에 없다. 왜냐하면 허리 쪽은 수축, 배 쪽은 이완되어 있어 임팩트 때 수축된 쪽이 쪼그라들기 때문이다. 그래서 어드레스 때 배 쪽을 집어넣고 허리 쪽을 메꿔줘야 한다. 마치 배를 가격당했을 때 몸이 움츠러드는 느낌과 흡사하다. 평소에 고양이 자세를 연습하면 도움이 된다(사진㉑, ㉒).

마지막으로 드라이버 임팩트를 강하게 치는 훈련법을 소개한다. 드라이버를 칠 때 몸의 왼쪽에서 회전한다고 생각하지 말고(사진㉓) 오른 가슴 쪽에서 회전한다고 생각하고 쳐보자(사진 ㉔). 그리고 피니시까지 하지 말고 힘을 강하게 뿌려준 다음 멈추는 연습을 반복한다(사진㉕).

뿌려주고 멈춘다.

도대체 임팩트 때 어디서 언제 힘을 써야 하는 걸까?

동영상 보기

백스윙 톱에서 겨드랑이가 벌어지면 클럽이 크로스 오버가 된다(사진①). 백스윙 톱에서 팔꿈치가 올라가면 겨드랑이가 벌어지는데(사진②), 팔꿈치가 내려와야 겨드랑이가 벌어지지 않는다(사진③). 보통 이 자세를 교정할 때 겨드랑이에 수건을 끼고 연습하는 아마추어들이 많은데, 그 방법은 좋지 않다. 수건을 끼고 스윙을 하다 보면 너무 몸으로만 스윙을 하게 되어 팔이나 손목의 감이 오히려 떨어지는 결과를 초래한다.

양손으로 채를 사진과 같이 잡은 상태에서(사진④), 팔을 뒤쪽으로 젖혀보자(사진⑤). 이 연습을 많이 하면 유연성이 좋아진다. 그리고 오른손으로만 그립을 잡고 왼손은 오른 팔꿈치 쪽에 대보자(사진⑥) 그 상태에서 백스윙을 하는데, 왼손으로 오른 팔꿈치가 뒤로 빠지지 않게 지탱해 준다(사진⑦). 그러면 아주 예쁜 백스윙 톱 자세가 만들어지면서 오른팔에 뭔가 탱탱한 느낌이 들 것이다. 이 연습들을 평소에 많이 하면 겨드랑이가 벌어지지 않는 올바른 백스윙 톱 자세를 만들 수 있다.

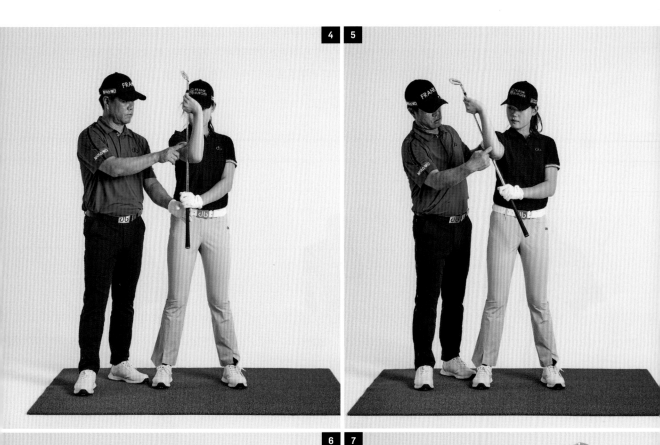

245

슬라이스가 나오는 이유 중 하나는 백스윙 톱이 높다 보니 다운스윙 궤도가 가파르게 진행되기 때문이다(빨간 선)(사진❽). 이상적인 다운스윙 궤도는 어깨와 오른팔 사이 구간으로 내려오는 것이다(파란 구간). 다운스윙 궤도가 가파르면 볼을 칠 때 손목을 일찍 펼 수밖에 없고(사진❾), 얼리 익스텐션도 발생한다(사진❿).

자, 이게 무슨 말이냐면, 백스윙 톱 자세에서 다운스윙 전환 때 몸이 통으로 돈다는 것이다(사진⓫, ⓬). 이것은 잘못된 동작이며 턱과 어깨를 분리해야 한다(사진⓭, ⓮). 어떤 사람들은 이 동작을 수직하강이라고도 부른다. 그런데 이렇게 하강하면 오른쪽 바닥을 치는 것 아니냐고 할 수 있는데, 그것이 아니라 다운스윙 시작 때 아주 잠깐 턱에서 어깨가 분리되는 동작을 하는 것이고 그 다음 채는 당연히 몸 앞으로 내려온다고 이해하면 된다.

어드레스 때의 손 위치가 있는데(사진⑮), 백스윙을 했다가 다시 내려올 때 손은 원래 손 위치 근처로 와야 한다(사진⑯). 그런데 몸이 통으로 돌거나(사진⑰) 얼리 익스텐션, 즉 몸이 일찍 일어서면(사진⑱) 이미 손은 몸에서 멀어지고 볼과 가까워졌기 때문에(사진⑲) 볼을 맞히려면 손목이 빨리 펴질 수밖에 없다(사진⑳).

NG 17

NG 18

NG 19
손이 몸에서
멀어진다.

NG 20
손목이 빨리
펴진다.

턱과 어깨를 분리하는 동작을 취하면 도대체 어떻게 힘을 쓸 수 있는지 의문이 생길 것이다. 앞서 말했지만 턱에서 어깨가 분리되는 동작은 다운스윙 시작 때 아주 잠깐이고(사진㉑), 거의 동시에 골반도 열어준다(사진㉒). 이때 몸에 힘이 들어가 어깨와 팔이 단단하면 안 된다. 이 동작을 하면서 낑낑거릴 정도로 몸에 힘이 들어가서는 절대 안 된다. 그래서는 절대 풀어줄 수 없다. 어깨와 팔은 힘이 하나도 없이 '툭'하고 분리되어야 한다. 아마추어 골퍼들은 도대체 이 정도까지 힘을 빼고 볼을 칠 수 있을지 의심이 들 것이다. 그런데 어느 분야든 고수가 되면 힘이 빠지는 법이다. 골프도 초보 때는 아무리 옆에서 힘을 빼라고 해도 잘 빠지지 않지만 구력이 계속 쌓이다 보면 힘 빼는 방법을 스스로 찾으려고 할 것이다.

자, 동작의 모양을 만들려고 하지 말고 그냥 백스윙을 해보자. 그리고 등 근육을 포함해 몸에 힘을 더 빼보자(사진㉓). 하체 움직임은 춤출 때 스텝을 밟듯이 리듬을 타는 느낌을 가져보자. 그러면 몸에 채가 맡겨진다. 그리고 손목에 힘을 빼고 부드럽게 하면 채가 알아서 떨어진다(사진㉔). 이때 채를 조절하려 하지 않아도 된다. 채가 '툭' 떨어질 때 어깨에 힘을 빼보자. 여전히 손목은 부드럽고 손은 채에 매달려 있는 것이다. 그러다 보면 순간 '텅'하고 나서(사진㉕) 접어진다(사진㉖).

몸에 힘을
완전히 뺀다.

춤추듯
리듬을 탄다.

텅!

순간 '텅'하는 것이 어떤 느낌이냐면, 어깨와 손목에는 힘이 빠져서 채에 매달려만 있는데 헤드 끝이 뭔가 당기는 느낌, 헤드 끝이 늘어나는 느낌 같은 것이다(사진㉗). 그래서 양팔이 어깨에서 빠질듯이 뻗어진다. 이것이 임팩트 자세다. 그런데 아마추어 골퍼들은 이 모습을 보고 본인이 양팔을 뻗어준다. 하지만 이 모습의 진실은 자신이 팔을 뻗는 게 아니라 헤드가 팔을 뻗게 만든 것이다. 이것이 바로 원심력이다.

이 느낌을 연습하려면 빈 스윙이 좋다. 동작의 모양이나 다른 요소는 아무것도 생각하지 말고 오로지 헤드 끝이 '쭉쭉' 늘어나게, 헤드 끝이 뭔가 '확' 당기는 느낌이 드는 데에만 집중하고 빈 스윙으로 연습해 보자. 이게 얼마나 중요하냐면, 다른 레슨은 다 잊어버려도 이것만은 절대 잊어버려서는 안 된다. 이거 하나만 알아도 골프가 쉬워진다.

골프에서 고수와 초보의 가장 큰 차이는 채가 빨리 풀린다는 것인데, 채가 빨리 풀리는 원인은 바로 로테이션을 못하기 때문이다. 로테이션을 하면 볼이 난사될 것 같은 불안감이 몰려오는데 이러한 불안감 때문에 몸을 일찍 일으키는 얼리 익스텐션, 즉 배치기 현상이 일어나면서 볼이 멀리 가지도 못할뿐더러 정타도 잘 나오지 않는 것이다.

채를 늦게 풀리게 하려고 손목 코킹을 유지해야 하냐고 묻는다면 절대 아니라고 답한다. 손목 코킹을 최대한 유지하면서 내려오면 클럽 페이스가 계속 열려 있는데 언제 볼을 맞힐 수 있는가? 훈련만 그렇게 하는 것이지 실제로 볼을 칠 때는 그렇게 하는 것이 아니다. 아마추어 골퍼들은 채가 늦게 풀리면 볼이 오른쪽으로 가거나 생크가 날 것 같은 느낌이 들 것이다(사진㉘). 이것은 너무나 자연스러운 느낌이다. 그러다 보니 볼을 똑바로 보내려고 채가 미리 풀려버린다. 그래서 클럽이 내려올 때 보잉 동작을 해야 한다(사진㉙, ㉚). 이것이 로테이션이다. 아마추어들은 이 동작을 못하고 그냥 치니까 슬라이스가 난다. 그래서 채를 미리 펴서 칠 수밖에 없다. 로테이션 동작은 힘으로 하지 말고 리듬으로 해야 한다.

27

힘을 빼는 것과 살살 치는 것은 전혀 다른 것이다. 아마추어들은 힘을 빼면 안 될 것 같은 불안감을 많이 느낀다. 하지만 힘을 빼고 스윙 동작의 모양을 인위적으로 만들지 않고 무신경한 느낌으로 치는 데 저절로 맞는 듯한 느낌이 중요하다.

그럼 임팩트 때 어디서 힘을 써야 할까? 골프는 힘주는 구간이 따로 있는 것이 아니라 백스윙을 하면서 꼬인 몸을 어떻게 풀 것이냐, 어디에 놓을 것이냐가 가장 중요하다. 이것이 바로 릴리스인데, 골프에서 임팩트 때 어떤 동작을 하겠다는 생각은 바람직하지 않다. 인간이 컨트롤할 수 없을 정도로 짧은 그 찰나의 순간을 어떤 동작으로 통제하겠다는 발상 자체가 말이 안 된다. 임팩트를 굳이 다른 말로 바꾼다면 릴리스라고 할 수 있는데, 릴리스를 하는 과정에 임팩트가 있을 뿐이지 임팩트 자체를 어떻게 하겠다는 것은 옳지 않다.

힘을 다 빼고 백스윙을 했다가(사진 ③) 다운스윙 때는 통제 불가능하고 스윙은 알아서 된다는 느낌으로 '텅' 털어보자(사진 ③). 릴리스만 생각하고 백스윙을 해보자. 즉, 백스윙을 했다가 어떻게 털 것인지만 생각하자.

힘을 완전히 빼고

'텅' 털어준다.

평생 잊으면 안 되는 퍼팅의 기본

아이언 등 일반 클럽과 퍼터는 잡는 방식부터 다르다. 일반 클럽은 그립 끝의 방향이 팔뚝과 일치하지 않는데(사진❶), 퍼터는 그립 끝의 방향이 팔뚝과 일치한다(사진❷). 그립을 내려 잡으면 그립과 팔뚝이 밀착되는 느낌이다(사진❸). 그리고 손목 각도가 죽으면 안 되고(사진❹) 살짝 서야 한다(사진❺).

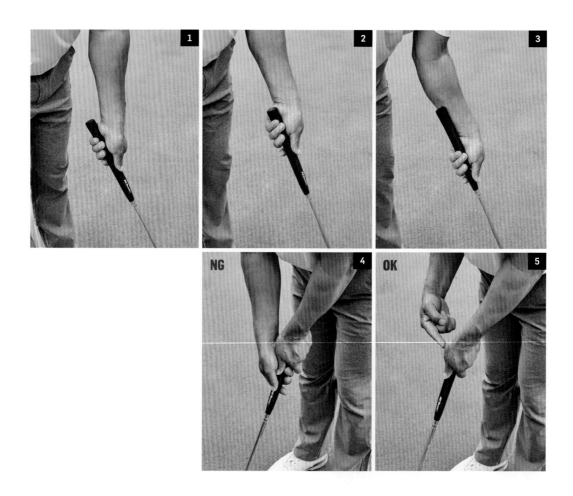

어드레스 때 몸과 볼과의 간격은 왼쪽 눈에서 수직으로 떨어지는 지점이 적절하다(사진❻). 그리고 정면에서 보면 볼의 위치가 가운데에서 약간 왼쪽이다(사진❼). 조금 자세히 설명하면, 퍼터 페이스가 내려올 때 바닥의 최하점(스탠스 중앙)을 지나 수평으로 지나가거나 올라가기 시작하는 시점에 볼을 맞혀야 하므로, 그 위치에 볼이 놓여 있어야 한다(사진❽).

반듯하게 선다고 해서 햄스트링을 너무 뻣뻣하게 세우고 허리 부분이 S자가 되는 자세는 퍼팅에 있어서 치명적이다(사진⑨). 흉추 부분의 회전이 막혀 어깨만 위아래로 움직이게 되기 때문에 터치감과 거리감 미스가 많이 발생한다. 엉덩이를 말아서 허리 부분이 이완되게 하고, 어깨는 아래로 축 처지고(사진⑩), 머리도 아래쪽으로 가볍게 떨어지는 자세가 좋다(사진⑪). 그상태가 가장 편안한 퍼팅 어드레스 자세다(사진⑫).

양팔을 너무 곧게 펴서 경직되거나(사진❸), 겨드랑이가 벌어지면 안 된다(사진❹). 양팔로 겨드랑이를 가볍게 조이고(사진❺), 그 상태에서 손목만 살짝 돌리면(사진❻) 올바른 양팔 자세가 만들어진다(사진 ❼).

그립의 악력은 힘을 최대로 줬을 때를 10이라 한다면, 약 5~6 정도면 충분하다. 다시 말해 중력의 힘을 이겨낼 정도의 악력이라 말할 수 있다. 이 정도 강도로 잡아야 손목을 사용하지 않고도 퍼팅을 할 수 있다. 만약 중력의 힘을 이기지 못할 정도로 너무 약하게 잡으면 백스윙 때 헤드가 흐느적거리며 방향이 흔들릴 수 있다(사진⑱, ⑲). 또한 퍼터 헤드를 바닥에 너무 강하게 누르고 있으면 백스윙이 급작스럽게 시작된다. 따라서 헤드는 바닥에 가볍게 놓는다.

퍼팅을 할 때 볼의 어느 부분을 볼 것인가는 4가지 옵션이 있다. 볼의 꼭짓점을 볼 것인가(사진⑳), 퍼터 페이스와 볼이 처음 만나는 딤플을 볼 것인가(사진㉑), 볼의 앞쪽을 볼 것인가(사진㉒), 볼 전체를 볼 것인가(사진㉓) 중에서 선택할 수 있다. 중요한 점은 시선이 절대 퍼터 헤드를 따라다니면 안 된다. 예를 들어 망치로 못을 박을 때 못의 머리를 봐야지(사진㉔), 망치를 보면 안 되는 것과 마찬가지다(사진㉕). 그리고 볼을 칠 때는 마치 볼 옆에 못을 박듯이 힘을 줘서 쳐야 한다(사진㉖), 절대 문지르듯 치면 안 된다.

볼에 라인을 긋는 방식에는 3가지 옵션이 있다. 한 줄을 그을 것인지(사진㉗), 두 줄을 그을 것인지(사진 ㉘), 세 줄을 그을 것인지(사진㉙) 중에서 선택하면 된다.

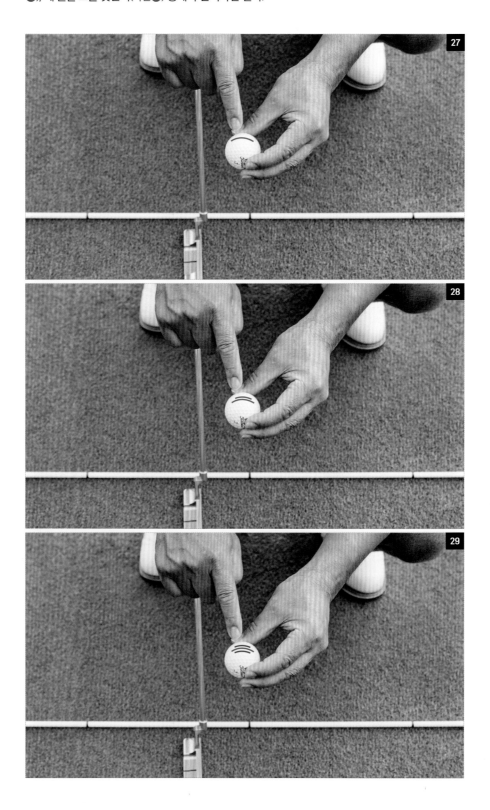

퍼터 페이스를 정렬하는 방식에는 2가지 옵션이 있다. 볼에 그어진 라인과 퍼터에 있는 라인(라인 대신 점이 찍혀있는 퍼터도 있음)을 정렬할 것인가(사진30), 퍼터 라인은 무시하고 볼에 그어진 라인과 퍼터 페이스를 직각으로 맞출 것인가(사진31) 중에서 선택한다. 따라서 퍼터를 고를 때에도 시각적으로 혼동이 없도록 자신의 정렬 스타일에 따라 라인이 있고 없고, 점이 있고 없고 등을 결정하면 된다.

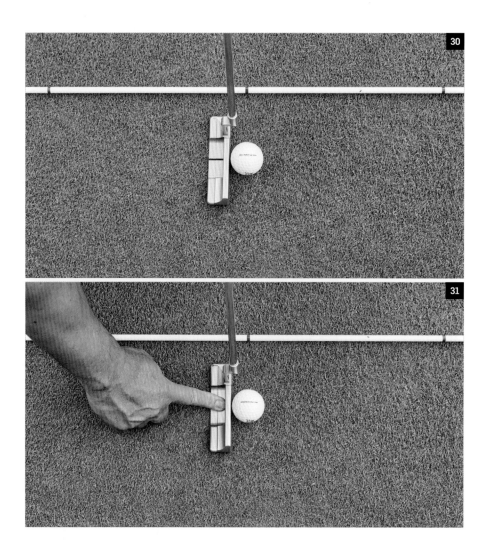

골퍼들이 가장 궁금해하는 것 중 하나가 퍼터를 직선으로 움직이는지, 아크를 그리며 움직이는지일 것이다. 결론부터 말하자면 퍼팅은 직선운동이다. 연습기구를 사용하면 더욱 명확히 알 수 있는데, 연습기구 구조상 퍼터를 절대 아치형으로 움직일 수 없어 직선운동을 한다. 그러나 시각적으로는 퍼터 헤드가 아크를 그리며 움직이는 것처럼(흰 선은 직선, 검정 선은 아치형) 보인다(사진❸❷). 또한 백스윙 때 손목을 사용하거나 어떤 다른 동작을 하지 않아도 페이스가 열린 것처럼 보이고(사진❸❸), 폴로 스루 때는 페이스가 닫혀 보인다(사진❸❹). 이것 역시 착시 현상인데, 헤드가 들려 있기 때문에(사진❸❺) 열리고 닫힌 것처럼 보일 뿐(사진❸❻), 헤드를 바닥에 내려놓으면(사진❸❼) 스퀘어 상태다(사진❸❽).

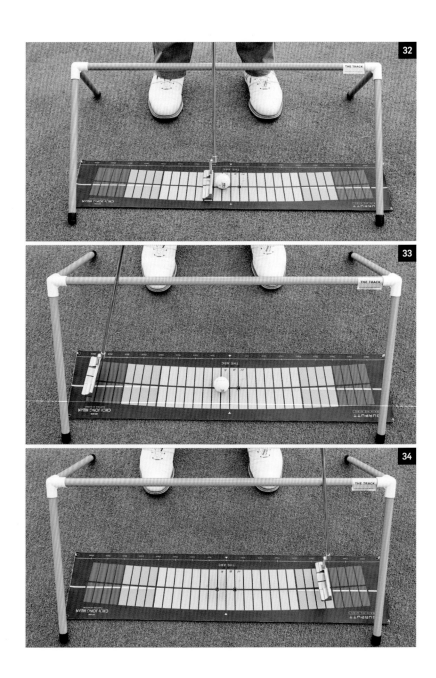

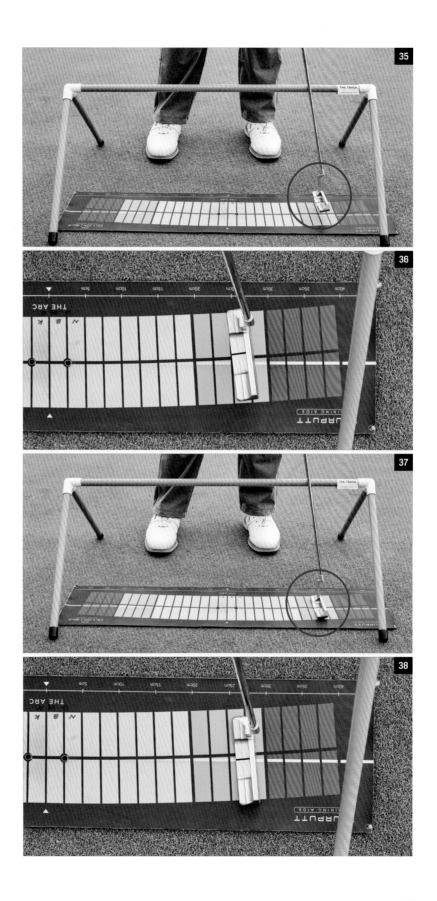

퍼팅의 3요소는 방향성, 거리감, 그린 리딩이라 할 수 있다. 라운드 전에 연습 그린에서 방향성과 거리감을 연습하면 좋은 효과를 볼 수 있다. 먼저 라인이 직선인 곳에서 퍼터를 직선으로 움직이도록 방향성 연습을 한다(사진❸❾). 그리고 거리감을 파악할 때에는 목표물 없이 양손의 움직이는 범위를 양 허벅지 간격 내로 하여 10미터 정도를 친다고 하고 볼이 얼마나 굴러가는지를 본 뒤 그날의 거리감을 파악한다(사진❹⓿).

방향성 연습

거리감 연습

마지막으로 홀 주변 그린 리딩을 할 때 어느 쪽이 높고 어느 쪽이 낮은지 헷갈릴 때에는 제로 라인을 찾는 것이 가장 우선이다. 제로 라인이란 오르막, 내리막만 있는 직선 라인을 말한다. 즉, 오르막이나 내리막은 있어도 좌우 경사가 없어 볼이 오로지 직선으로만 움직이는 라인이다(사진❹❶). 12시 방향이 오르막, 6시 방향이 내리막인 제로 라인에서 6시~12시 사이 그린은 슬라이스 라이, 12시~6시 사이 그린은 훅 라인인 것을 파악할 수 있다(사진❹❷). 따라서 볼이 있는 위치를 기준으로 슬라이스 라이임을 알 수 있다.

내리막

제로 라인

오르막

6시

슬라이스 라이

내리막

훅 라이

오르막

12시

라이를 파악한 다음에는 베이스 라인을 찾는다. 베이스 라인이란 볼과 홀컵을 직선으로 연결하는 라인을 말한다(사진⑬). 현재 볼이 놓인 라이는 슬라이스 라인인데, 가장 최악의 결과는 볼이 베이스 라인에 닿는 경우다(사진⑭). 볼이 베이스 라인을 맞으면 들어갈 확률은 0%이기 때문이다.

그린이 느리거나 경사도가 작으면 라인을 적게(사진⑮), 빠르거나 경사도가 크면 라인을 크게 읽고 치는 상상을 하고 쳐야 한다(사진⑯). 그린이 빠르거나 경사도가 큰데 라인을 적게 읽으면 볼이 잘 안 멈추기 때문에 다음 퍼팅이 상당히 부담스러워진다.

베이스 라인 →

초판 1쇄 발행 2024년 6월 3일
초판 3쇄 발행 2024년 8월 14일

지은이 나병관
펴낸이 김영조
편집 김시연 | **디자인** 정지연 | **마케팅** 김민수, 조애리 | **제작** 김경묵 | **경영지원** 정은진
사진 이과용 | **모델** 박애다 | **의상협찬** 드루골프 | **장소협찬** 서원힐스CC
펴낸곳 싸이프레스 | **주소** 서울시 마포구 양화로7길 44, 3층
전화 (02)335-0385 | **팩스** (02)335-0397
이메일 cypressbook1@naver.com | **홈페이지** www.cypressbook.co.kr
블로그 blog.naver.com/cypressbook1 | **포스트** post.naver.com/cypressbook1
인스타그램 싸이프레스 @cypress_book | **싸이클** @cycle_book
출판등록 2009년 11월 3일 제2010-000105호

ISBN 979-11-6032-225-5   13690